Charles S. Peirce zur Einführung

W0174251

Helmut Pape

Charles S. Peirce zur Einführung

JUNIUS

Junius Verlag GmbH
Stresemannstraße 375
22761 Hamburg
Im Internet: www.junius-verlag.de

© 2004 by Junius Verlag GmbH
Alle Rechte vorbehalten
Satz: Druckhaus Dresden
Druck: Druckhaus Dresden
Printed in Germany 2004
ISBN 3-88506-391-3
1. Auflage April 2004
(Zur Einführung; 291)

Bibliografische Information Der Deutschen Bibliothek
Die Deutsche Bibliothek verzeichnet diese Publikation in der
Deutschen Nationalbibliografie; detaillierte bibliografische Daten
sind im Internet über <http://dnb.ddb.de> abrufbar.

Inhalt

1. Einleitung

Dieser Band führt anhand eines Grundgedankens in das peircesche Philosophieren ein.[1] Er zeigt, dass Peirces Philosophie am besten als logischer Idealismus zu verstehen ist. Der logische Idealismus ist eine Variante des objektiven Idealismus und versteht Geist als einen Prozess, dessen Tiefen- wie Oberflächenstruktur vollständig durch Begriffe, die aus der Mathematik und Logik – insbesondere aus der Relationenlogik – adaptiert sind, beschrieben werden kann. Peirce ist also ein Denker, der in der großen Tradition des Idealismus steht und diese Tradition durch die Verwendung moderner logischer, semiotischer und mathematischer Begriffe entscheidend verändert und erneuert hat.[2]

Andere einführende systematische Gesichtspunkte wie der Pragmatismus oder die Erkenntnis- und Wissenschaftstheorie wären natürlich auch möglich gewesen. Doch der logische Idealismus liefert einen ebenso umfassenden wie systematischen Gesichtspunkt, der den Zusammenhang zwischen so unterschiedlichen und auf den ersten Blick fast widersprüchlichen Theorien wie Semiotik, Pragmatismus und evolutionärer Metaphysik herstellt.

Dieses Buch stellt ein unvollendet gebliebenes philosophisches Projekt vor, das Peirce sein ganzes Leben lang in allen Bereichen der Philosophie verfolgt hat. Peirces logischer Idealismus ist weitgehend übersehen, ignoriert oder geleugnet worden. Er passte nicht in das analytische, transzendentalpragmatische oder wissenschaftstheoretische Bild, an dem die jeweiligen Interpreten der peirceschen Philosophie vor allem interessiert waren. Das liegt

sicher auch daran, dass es Peirce niemals gelungen ist, eine endgültige und ihn definitiv befriedigende Darstellung seiner Philosophie zu verfassen.

Die systematische Ausrichtung dieses Bandes hat Folgen. Ich
werde die peircesche Philosophie nicht vollständig anhand weniger Thesen aus jedem ihrer Bereiche beschreiben. Selbst sehr
wichtige und gerade heute philosophisch wirksame Theoriestücke
wie die graphische Logik der *Existential Graphs*, die Abduktion als
Theorie der erkenntniserweiternden Schlüsse oder auch die Reli-
gionsphilosophie mit ihrem ungewöhnlichen Gottesbeweis werde
ich nicht darstellen. Peirces Philosophieren ist wegen seines immer
wieder neu ansetzenden und doch niemals vollständig durchge-
führten systematischen Entwerfens radikal unvollständig: Es liegt
nur eine Folge von in unterschiedlichem Maß unvollendeten Sys-
tementwürfen vor, die in veröffentlichten Aufsätzen, Buchentwür-
fen, aber auch in mehrere hundert Seiten langen Manuskripten
ausgeführt sind. Von Anfang an ziehen sich zentrale Themen und
Thesen durch dieses Denken, die auf ganz unterschiedliche Weise
artikuliert, neu konzipiert und teilweise wieder verworfen werden. Um in ein Denken einzuführen, das von einem solchen Verhältnis von Einheit, Vielfalt und Entwicklung geprägt ist, ist ein
übergeordneter Gesichtspunkt günstig, der bei allem Wandel weitgehend stabil bleibt. So lässt sich der systematische Zusammenhang in der Entwicklung dieses Denkens herausarbeiten.

Doch liefert die Orientierung an der logisch-idealistischen
Grundlinie des peirceschen Denkens auch die beste *Einführung* in
sein Denken? Um diese Frage zu beantworten, sollten wir zwei
Dinge berücksichtigen: 1. Einführungen in die Philosophie gelin-
gen dann, wenn Leserinnen und Leser in die Lage versetzt werden, ein Philosophieren mit eigener Erfahrung lernend und verste-
hend zu verknüpfen. 2. Die Logik, die den logischen Idealismus
prägt, ist im peirceschen Philosophieren entscheidend, weil sie

die Orientierung am Lernen mit der Erfahrung des Lesers verbindet. Mein erstes Ziel ist es deshalb, verständlich zu machen, dass die Kombination von Idealismus und Logik geeignet ist, zum eigenen Denken und zum Lernen an der Erfahrung zu ermutigen. Der Wunsch, an der Erfahrung zu lernen, die eigenen, für selbstverständlich gehaltenen Urteile und Einstellungen für korrigierbar und erweiterbar zu halten, das ist für Peirce »die erste Regel der Logik«:

»Aus dieser ersten und in einer Hinsicht einzigen Regel der Logik, daß man, um zu lernen, den Wunsch haben muß zu lernen, und sich dabei nicht mit dem zufrieden geben darf, was man schon zu denken geneigt ist, ergibt sich ein Folgesatz, der an sich schon verdient, als Inschrift auf jeder Mauer in der Stadt der Philosophie zu stehen: *Behindere nicht den Gang der Forschung.*« (CP[3] 1.135, 1898; DLU, 241)

»Behindere nicht den Gang der Forschung« heißt: Es gibt keine *von uns explizit festzulegende* Grenze für das Erklär- und Lernbare, die wir setzen und die wir für eine Antwort halten könnten. Andererseits: Wenn wir lernen wollen, dann muss ein gewachsenes Vertrauen in unser eigenes Urteil stetig zunehmen können. Ein Zeichen für diesen Mut zum eigenen Urteil ist es, dass wir uns selbst zubilligen können, Fehler zu machen.

Dieses Vertrauen auf die Korrektur unserer Meinungen an der Erfahrung hat die Aufklärung nicht erst seit Kants *sapere aude* (wage zu wissen)[4] gefordert. Mir kommt es hier auf eine Akzentverschiebung an. Die Maxime, die für Peirces Philosophieren und für das Verständnis dieses Buchs wichtig ist, lautet: Lernen wollen heißt, dass man riskante, exotische und unplausible Thesen und Behauptungen zu durchdenken wagt; dass man sich zutraut, Behauptungen nach Maßgabe eigener Überlegungen zu korrigieren und zu verändern. Beide Teile der Maxime gehören zusammen

9

und wenn sie zusammen praktiziert werden, so werden sich die Fähigkeit zu urteilen und die inhaltliche Qualität der Urteile verbessern lassen.

Wie Peirce Idealismus und Pragmatismus verbindet

Die peircesche Philosophie verbindet zwei philosophische Positionen, die oftmals für gegensätzlich gehalten werden: Idealismus und Pragmatismus. Diese Positionen stehen nicht nur für einzelne Thesen oder Aussagen, die Peirce irgendwann formuliert hat. Sie markieren vielmehr Vorgehensweisen und Ausrichtungen seines Philosophierens und Argumentierens. Doch wieso sollte es fruchtbar sein, Pragmatismus und Idealismus, die einander nach herrschender Meinung doch ausschließen, miteinander zu verbinden?

Diese Frage stellt sich, weil im heutigen Alltagsverständnis Idealismus und Pragmatismus auf gegensätzliche, ja widersprüchliche Weise beschrieben werden: Idealist wird häufig jemand genannt, der z.B. finanzielle und andere Nachteile für sich in Kauf nimmt, um seine Werte, Ziele oder Ideale unbeirrt zu verwirklichen. Der Idealist des Alltagsverständnisses hält an seinen Idealen also auch gegen äußere Widerstände und widersprechende Erfahrungen fest. Dagegen bezeichnen wir als Pragmatisten eine Person, die bereit ist, ihre Ziele, Werte und Ideale schnell aufzugeben, wenn sie ihrem individuellen Vorteil, z.B. der beruflichen oder politischen Karriere, im Wege stehen. Bei näherem Hinsehen löst sich dieser Gegensatz in Wohlgefallen auf. Denn einerseits ist jemand, der seine Ziele, Werte und Ideale beibehält, obwohl viele Erfahrungen gegen die Möglichkeit ihrer Verwirklichung sprechen, kein Idealist: Er ist schlicht denk- und lernunfähig. Ideale, Ziele und Werte, für die es keinerlei Umsetzungsmöglichkeit gibt, sind meist nur schlechte Ziele und Werte – von Ausnahmefällen wie der Einforderung von Humanität und Demokratie in einer Diktatur einmal abgesehen. Aber eine solche Unfähigkeit zur Umsetzung von Zielen und Idealen muss nicht gemeint sein, wenn man jemanden einen »Idealisten« nennt. Es könnte auch heißen: Da hat jemand neben den normalen Interessen an beruflichem Erfolg, an Lebens- und Liebesgenuss noch andere Ziele und Ideale, die nicht auf den persönlichen Lustgewinn reduziert werden können. Diese überpersönlichen Ziele und Ideale bestimmen gelegentlich sein Handeln und die Art, wie er lebt.

Dagegen bezeichnen wir als Pragmatisten häufig eine Person, die kaum etwas anderes im Sinn hat als ihren eigenen ökonomischen Erfolg, Lustgewinn usw. Das könnte aber heißen, dass wir jemanden einen Pragmatisten nennen, der arm an Zielen ist und z.B. seinen privaten Erfolg und Lustgewinn zu seinem einzigen Ideal erhoben hat. Ein Pragmatist in diesem Sinne ist also, recht verstanden, ein auf individuelle Ziele eingeschränkter Idealist. Wir können nämlich, weil der *philosophische* Idealismus Recht hat, gar nicht ohne Ziele, Zwecke und Ideale handeln oder auf menschliche Weise existieren.

Doch in der Philosophie widersprechen sich Pragmatismus und Idealismus keinesfalls, wie man aufgrund der alltagssprachlichen Bedeutung dieser Begriffe meinen könnte. Wenn wir die philosophische Bedeutung dieser Begriffe betrachten, geht es gar nicht um die Einstellung einzelner Personen zu den Zielen, die sie im Leben verfolgen. Dies unterstellt aber der alltägliche Begriff von Idealismus und Pragmatismus. Die philosophische Gegenposition zum Pragmatismus ist vielmehr der *Rationalismus* – und nicht der Idealismus. Der Pragmatismus ist eine Theorie, die behauptet, dass das philosophische Verstehen der Welt die besondere Position und Fähigkeit des Menschen als Handelnder zum Ausgangspunkt ihrer weiteren Überlegungen machen muss, wenn sie z.B. erklären will, warum wir erfolgreich die Wirklichkeit erkennen oder sagen können, was Wahrheit, Tugend und Schönheit sind.

Der Idealismus ist dagegen eine allgemeinere und ältere Denkweise, deren Ursprung sich in den Anfängen des philosophischen Denkens verliert. Die philosophische Position, die den Idealismus ausschließt, ist der *Materialismus*.[5] Während nämlich der Idealismus behauptet, dass alle Wirklichkeit durch ein geistiges Prinzip (oder Prinzipien) bestimmt und strukturiert wird (werden), behauptet der Materialismus – der heute häufig in der spezielleren Form des *Naturalismus* auftritt –, dass nur die Materie und materiale Prinzipien elementar und alle geistigen Phänomene auf materiale Prinzipien und Bedingungen zurückführbar seien. Der Idealismus ist wie der Materialismus eine metaphysische Theorie. Er behauptet auf ganz unterschiedliche Weisen, dass Geist und geistige Prozesse die allgemeinste und grundlegendste Ebene der Wirklichkeit ausmachen. Alles Übrige, z.B. alle Materie und alle physikalischen Prozesse, soll dann auf dieser Basis verständlich gemacht werden. Der Idealismus zeichnet eine umfassende, einheitliche und nicht weiter zurückführbare Schicht des Seins aus, die für alle Bereiche des menschlichen Denkens, Erkennens und Handelns grundlegend sein soll.

Der Pragmatismus ist dagegen eine speziellere Theorie, die methodisch, wissenschaftstheoretisch, sprachphilosophisch oder logisch argumentiert. Dabei handelt es sich nicht um eine ontologische Theorie. Der Pragmatismus kann im Zusammenhang eines materialistischen oder idealistischen Philosophierens entwickelt werden, das weit umfassender ist und einen größeren Bereich von philosophischen Theorien und Disziplinen umfasst und übergreift. Peirces Idealismus gewinnt seine besondere Gestalt durch den Pragmatismus: Der Pragmatismus ist eine methodologisch und erkenntnistheoretisch ansetzende Zugangsweise zur

Philosophie, die die innere Struktur von Erkenntnis- und Verständigungsprozessen durch besondere Forderungen zu leiten versucht. Die pragmatische Methodologie ist an einem Ziel orientiert: der Gewinnung und Erhaltung wahrer Meinungen. Sie beansprucht nicht, für alle Arten geistiger Prozesse und alle Zwecke und Ziele gültig zu sein. Eine »pragmatische Theorie der Gefühle« z.B. wäre für Peirce schlichter Unsinn, weil sie behaupten würde, den Status und den Sinn von Gefühlen allein über das Handeln angemessen beschreiben zu können.

Peirces Pragmatismus bezieht den Idealismus auf die logische Struktur des konkreten Handelns und der Ziele, die mit dem Erkennen von Wahrheit zu tun haben. Für die philosophische Bedeutung der Logik ist nach Peirce eine positive, offene Einstellung zum Lernen an der Erfahrung entscheidend. Dies ist deshalb so, weil wir auch in der Philosophie nach Wahrheit streben. Der peircesche Pragmatismus nimmt an, dass wir das auf Wahrheit ausgerichtete theoretische Denken nur durch den Bezug auf das Handeln klären können. Dies verleiht dem Handeln eine geistige, nämlich logische Rolle: Es hat die Funktion, jene denkunabhängige Wirklichkeit zugänglich zu machen, die allein als faktische Bedingung des Handelns mobilisiert werden kann. Unsere Handlungen haben aber eine Bedeutung nur insofern, als sie zweckvoll sind. Dieses Verhältnis ist nicht einseitig. Es bedarf des Handelns auch, damit wir erkennen können, welche Ziele, Zwecke und Ideale wir wirklich wollen. Peirces Pragmatismus behauptet also zum einen, dass er den Anspruch unseres Denkens auf Verstehen und Erkennen durch die Beziehung zum Handeln erklärt. Zum anderen aber gehört das Nachdenken über Zwecke und ihre Umsetzung durch das Handeln zum theoretischen Denken über alle Arten von Fragen – und sei es nur, dass in den Wissenschaften über mögliche Experimente, Veranschaulichungen und Anwendungen nachgedacht wird.

Theorie und Praxis sind im theoretischen Denken niemals zu trennen, weil der Bezug auf die Praxis Teil der theoretischen Darstellung der Welt ist (4. Kapitel). Peirce behauptet, dass es wesentlich zu jedem Zweck gehört, »dass er sich nicht auf sich selbst richten kann, sondern sich selbst im Erschaffen entwickelt« (PLZ 1983, 170). Wir sehen jetzt: Die absurde Konsequenz der Konzeption eines Alltagsidealisten ist, dass man von ihm auch dann behaupten kann, er habe Ideale, wenn er niemals nach ihnen handelt – selbst, wenn er die Gelegenheit dazu hätte. Weil aber zweckgeleitetes Handeln selbst eine Bedingung für das Erfassen von Zwecken ist, ergibt sich ein wechselseitiges Bedingungsverhältnis: Ein die Zwecke abwägender Geist ist Bedingung für das Handeln und das Handeln ist eine Phase geistiger Aktivität und Bedingung für die Selbstkontrolle und die Korrektur des Denkens. Deshalb gehen für Peirce Idealismus und Pragmatismus stets zusammen.

Kurzum: Der Pragmatismus behauptet, dass selbst unser theoretisches Denken darauf angewiesen ist, den Gedanken im Handeln nicht nur zu konkretisieren und zu erproben, sondern dass wir ihn erst in seiner konkreten Gestaltung vollenden können (5. Kapitel). Natürlich kann, je nach Gegenstand, auch das Denken selbst eine erste Form der Erprobung darstellen, nämlich dann, wenn es den öffentlichen Kriterien z.B. einer kommunikativen Verständigung zugänglich ist. Das Prinzip des logisch-pragmatischen Idealismus betrifft nicht die Zwecke, die unbestimmte Ideale bleiben, sondern jene, die sich durch die Wirksamkeit eines Denkens konkretisieren lassen, das sich mit der Wirklichkeit auseinander setzt.

Die These, dass Geist und das Produzieren von Darstellungen für das Erkennen und Verwirklichen von Zwecken erforderlich sind, ist selbstverständlich eine sehr allgemeine These. Der alltägliche Hintergrund dafür ist eine einfache Erfahrung. Wir handeln nach wohlüberlegten Zwecken, die wir im Verlauf ihrer Verwirklichung kontrolliert verändern. Charakteristisch für den Pragmatismus ist die Einsicht, dass alles Geistige notwendig auf das Handeln angewiesen ist. Folglich hängt die pragmatische Beziehung auf das Handeln untrennbar mit der internen Struktur unseres zweckorientierten, darstellenden und damit zeichengebundenen Denkens zusammen: Peirces idealistischer Pragmatismus bedarf der Einlösung durch eine Semiotik, die zeigt, wie zweckvolles Handeln und Denken die Formung von Zeichen bestimmen (6. Kapitel). Die Bindung geistiger Prozesse an ihr semiotisches Konkretwerden ist eine Konsequenz von Idealismus und Pragmatismus. Das Prinzip des Geistes, semiotisch verstanden, fasst die Form aller geistigen Prozesse als ein Handeln auf, das die in dieser Welt produzierbaren Zeichen hervorbringt.

Ich hatte jede Philosophie »idealistisch« genannt, die annimmt, dass die Gegenstände der Erfahrung, des Wissens und der Darstellung von geistiger Aktivität oder einem geistigen Prinzip abhängen, das elementar und nicht ohne Rest auf etwas anderes reduzierbar ist. Das ist ein sehr allgemeiner und sehr schwacher Begriff des philosophischen Idealismus. Auch kann diese allgemeine Fassung des Idealismus nicht durch den Gegensatz zum Realismus charakterisiert werden. Denn auch wenn einige Eigenschaften – typischerweise diejenigen, welche physische Gegenstände charakterisieren – nicht von uns abhängen, sind andere Aspekte des Wirklichen in der Tat gedankenabhängig, indem sie z.B. davon abhängen, was wir tun, weil wir denken, dass es getan werden sollte.

Es gibt vielerlei einander überschneidende Varianten und unterschiedliche Formen des Idealismus. Alle peirceschen Charakterisierungen seines Idealismus laufen auf eine semiotische oder logische Form des objektiven Idealismus hinaus, der in seiner Metaphysik explizit zum Ausdruck kommt (7. Kapitel). Peirce selbst hat seine Philosophie aber am häufigsten als »konditionalen Idealismus« beschrieben. Diese Bezeichnung steht der Konzeption des logischen Idealismus nahe, weil es dabei um eine logische Beziehung zu einer offenen Zukunft geht. Seinen »konditionalen Idealismus« erläutert er 1907 so:

»[...] was wir unter der Objektivität der Wahrheit verstehen, besteht in Wirklichkeit in der Tatsache, dass schließlich jeder Forschende dazu gebracht wird, sie zu akzeptieren – und wenn er nicht aufrichtig ist, so wird die unwiderstehliche Wirkung des Forschens im Angesicht der Erfahrung ihn dazu bringen, es zu sein. Diese Anschauung scheint mir [...] ein Folgesatz des Pragmatismus zu sein [...]. Ich nenne die von mir vertretene Form ›konditionalen Idealismus‹. Damit ist gemeint, dass die Unabhängigkeit der Wahrheit von individuellen Auffassungen dadurch bedingt ist (soweit es irgendeine ›Wahrheit‹ gibt), dass sie das vorbestimmte Ergebnis ist, zu dem ausreichende Forschung letztlich führen würde.« (CP 5.494; übers. v. Vf.)

Es sind die geistigen, durch ihre logische Struktur beschreibbaren Eigenschaften der Prozesse, die für den Idealismus entscheidend sind und die die Wahrheit zum orientierenden Ziel des menschlichen Erkennens machen. Die Verwendung des Begriffs »Idealismus« wird dadurch begründet, dass allein logische Prozesse des Forschens und Denkens eine stabile Beziehung zur Zukunft ermöglichen. Das letzte Kapitel über die evolutionäre Kosmologie wird zeigen, dass auch im Fall der kosmologischen Prozesse die logische Struktur entscheidend ist. Deshalb kann Peirce am besten als logischer Idealist bezeichnet werden. Denn er war nicht nur überzeugt, dass die logischen Struktureigenschaften der Prozesse unseres Geistes für dessen Fruchtbarkeit entscheidend sind, er war auch der Auffassung, dass sie für die Philosophie die einzige Weise bilden, wie wir zu einem umfassenden und konsistenten Verstehen von Wirklichkeit gelangen können. In den folgenden Kapiteln werde ich zeigen, dass gerade das Zusammengehen von Pragmatismus, Semiotik und Metaphysik in dieser Form des

Idealismus für die große Fruchtbarkeit, Dynamik und Reichweite des peirceschen Denkens ausschlaggebend ist.

Die Ordnung der Wissenschaften

Drei Gründe sprechen dafür, dass wir uns mit der peirceschen Wissenschaftsklassifikation vertraut machen: Erstens führt sie uns die logisch-idealistische Verknüpfung von Denken und Handeln in der normativen Ausrichtung der Erkenntnisprozesse aller wissenschaftlichen Disziplinen vor Augen. Zweitens liefert sie uns einen Überblick über die systematische Ordnung des peirceschen Philosophierens. Und drittens erhalten wir hier einen Eindruck von Peirces Verständnis der Philosophie im Verhältnis zu den Einzelwissenschaften.

Wozu dient der Entwurf einer Wissenschaftsklassifikation? Peirce meinte, durch ein solches Schema die Beziehungen zwischen Philosophie und den übrigen Wissenschaften und insbesondere den speziellen Ort der einzelnen philosophischen Disziplinen deutlich machen zu können. Philosophie nimmt in diesem Schema die zentrale Stelle ein: Sie umfasst jenes Interpretationsverstehen, das zwischen Mathematik und die Einzelwissenschaften treten muss, um beide aufeinander beziehen zu können. Das Ordnungsprinzip dieses Schemas besteht darin, dass »jede Wissenschaft in ihren *allgemeinen Prinzipien* ausschließlich auf Wissenschaften rekurrieren sollte, die oberhalb von ihr angeordnet sind, während sie sich in ihren Beispielen und besonderen Tatsachen derjenigen unterhalb von ihr bedient« (SB1, 71). Die folgende Übersicht gibt das peircesche Schema wieder. Außerdem habe ich eingetragen, in welchem Kapitel dieses Buchs die entsprechende philosophische Teildisziplin dargestellt wird:

MATHEMATIK	2./4. Kapitel: Kategorien/Relationen (Teile)

PHILOSOPHIE

Phänomenologie	2. Kapitel: Kategorien (Teile)

Normative Wissenschaft
    Ästhetik
    Ethik
    Logik

Spekulative Grammatik	6. Kapitel: Semiotik
Kritik	3./4. Kapitel: Logik (Teile)
Methodeutik	4./5. Kapitel: Pragmatismus

Metaphysik	7. Kapitel: Evolutionäre Metaphysik

SPEZIELLE WISSENSCHAFT

Physik
    z.B. Chemie, Biologie, Kristallographie,
    Geologie, Astronomie usw.

Psychik
    z.B. allgemeine Psychologie, Linguistik,
    Ethnologie, Geschichte, Literarische Kritik etc.

Nach dieser Klassifikation ist die Philosophie eine empirische Wissenschaft. Sie basiert sogar direkter auf der Erfahrung als die Einzelwissenschaften. Aber sie nimmt auch eine mittlere Stellung zwischen der Mathematik und den Einzelwissenschaften ein: Allein von der Mathematik kann sie allgemeine Ansätze und Theorien – Grundbegriffe und Prinzipien – übernehmen; ihrerseits gibt sie allen Einzelwissenschaften allgemeine Prinzipien vor. Zugleich hat jede Wissenschaft aber auch eine Bereichsautonomie. Ihre Vorgehensweise entscheidet darüber, welche allgemeinen Prinzipien sie verwendet und wie diese zu verstehen sind.

Die Philosophie hat drei große Teildisziplinen: Phänomenologie, normative Wissenschaft und Metaphysik. Die Phänomenologie liefert eine allgemeine Theorie aller möglichen Objekte der Erfahrung, die nur auf mathematischen Prinzipien aufbaut und deshalb z.B. nicht zwischen Fiktion und Existenz unterscheidet. Die normative Wissenschaft liefert Theorien der Unterscheidung zwischen Gut und Schlecht, die unser Fühlen (Ästhetik), Handeln (Ethik) und Denken (Logik) bewerten. Peirce ist der erste Philosoph, der »normativ« in diesem Sinne verwendet. Die normativen Wissenschaften setzen voraus, dass es sich bei den von ihnen betrachteten Aktivitäten um von den handelnden Subjekten – in sehr unterschiedlichem Maße – kontrollierbare Aktivitäten handelt.

Warum aber wird in dieser Einführung in das peircesche Philosophieren zwar jeder der drei Teilbereiche der Logik, nicht jedoch die Ästhetik und Ethik behandelt, die doch nach dem Gliederungsprinzip der Logik die Prinzipien vorgeben? Tatsächlich sind die Theorie der Zeichen (Peirce: »spekulative Grammatik« oder Semiotik), die Kritik als Theorie des schlussfolgernden Denkens und Argumentierens (Peirce: Kritik oder Logik im engeren Sinne) und die Methodenlehre der Wissenschaft (Peirce: Methodeutik) normative Disziplinen. Sie alle untersuchen drei Formen kontrollierten kognitiven Handelns, das darauf abzielt, nicht nur eine ethisch gute, sondern eine ästhetisch befriedigende Qualität in unserer Erfahrung zu produzieren. Alles erkennbar Wahre soll auch eine »gute« ästhetische Qualität aufweisen. Dieser normative Zusammenhang mit der Ästhetik belegt die idealistische Ausrichtung des peirceschen Philosophierens. Allerdings hat Peirce nicht genauer ausgeführt, wie seine Ästhetik dieses normative ästhetisch Gute fassen kann.

Auch die normative Ethik behauptet, dass es eine Selbstkontrolle über die Güte der Zwecke gibt. Bei der Darstellung des Pragmatismus im fünften Kapitel werden wir sehen, dass sich auch genauere normative Anforderungen für ein Erkennen und Denken angeben lassen, das als selbstkontrolliertes, richtiges Erkenntnishandeln gelten kann. Gleichwohl ist Peirce nicht sehr weit über diese prinzipielle Unterordnung der Logik unter die anderen normativen Wissenschaften hinausgegangen: Seine Arbeiten über Ethik und Ästhetik sind weitgehend Programm und Fragment geblieben.

Was ist also der normative Sinn der Dreiteilung der Logik? Die Logik als allgemeine Theorie des kontrollierten Denkens enthält drei Teildisziplinen: die Logik als Semiotik, die Theorie des Folgerns und Argumentierens und die Methodologie. In dieser Einteilung kommt die Einsicht zum Ausdruck, dass wir nicht nur für die logische Güte unseres argumentativen Denkens, nämlich ihre Wahrheit und Folgerichtigkeit Verantwortung tragen. Wir sind auch für den Gebrauch von Sprache und anderen Ausdrucksmitteln verantwortlich (Semiotik). Peirce hat deshalb eine Ethik der Terminologie entwickelt. Die höchste und schwierigste Form normativer Verpflichtung übernehmen wir, wenn wir die Methoden und Regeln unseres Vorgehens in der Erfahrungsaneignung und im Theoretisieren wählen (Methodeutik). Die Methodenlehre ist der systematische Ort, an den der Pragmatismus gehört: Deshalb hat sie so große Bedeutung für das peircesche Philosophieren.

Man kann sagen, dass Peirce die Wissenschaftsklassifikation nur entwickelt hat, um der Logik in diesem weiten Verständnis den ihr angemessenen Platz zuweisen zu können. Sie ist Voraussetzung jeder Metaphysik und umfassende Theorie des auf Erkenntnis gerichteten Denkens und Handelns. Der Logik kommt der Rang einer allgemeinen Theorie selbstkontrollierten Denkens, Sprechens, Argumentierens und des methodischen Vorgehens zu. Sie wird zum zentralen Baustein jeder voll entwickelten Philosophie.

Der Beginn des Philosophierens: Alltägliche Erfahrung

Peirces pragmatischer und logischer Idealismus macht den Alltag des Austausches von Zeichen zum Ausgangspunkt jedes Philosophierens. Dieser ist für eine Einleitung in seine Philosophie wichtig. Philosophieren wird dadurch an die Erfahrung der zwischenmenschlichen Verständigung zurückgebunden. Denn: »Philosophie ist eine Disziplin, die auf alltäglicher Erfahrung basiert [...]. Wir sollten niemals damit beginnen, über reine Ideen zu sprechen – gleichsam vagabundierenden Gedanken, welche ohne eine menschliche Behausung über öffentliche Straßen ziehen –, sondern wir sollten mit den Menschen und ihren Gesprächen beginnen.« (CP 8.112, übers. v. Vf.)

Mit dem Primat der Praxis sind weder inhaltliche Voraussetzungen gemeint noch strikte Regeln oder Methodologie. Vielmehr geht es darum, dass wir den internen Zusammenhang theoretischer Begriffe, Aussagen, Annahmen und Voraussetzungen unserer Praxis noch nicht verstanden haben können, wenn wir zu philosophieren beginnen – auch wenn wir bereits erfolgreich über ihn verfügen. Wir befinden uns dann an dem Punkt, wo wir den Übergang zwischen dem normalen, alltäglichen und nicht explizierten Leben der Menschen und einer speziellen Tätigkeit – eben dem philosophischen Sprechen – betrachten. Philosophie ist eine spezielle Aktivität unter vielen, mit der wir aber niemals in einer Situation beginnen, die leer und unbestimmt durch Vormeinungen wäre. Wir beginnen mit allen Überzeugungen, Träumen, Wünschen und Erfahrungen, die wir bereits haben. Wir beginnen mit irgendeinem Wunsch, Interesse oder irgendeiner bewussten Absicht, verstehen zu wollen.

Dies mag z.B. der Wunsch sein, die Dinge umfassender zu verstehen, als dies unsere eigenen Erfahrungen und die aller anderen Menschen bisher geleistet haben. Menschen, die sich darauf einlassen, begegnen einander auf der gleichen Ebene. Wichtig ist nun, was das für den Beginn des Philosophierens bedeutet: dass jeder seine geistigen Fähigkeiten, Überzeugungen und Erfahrungen mitbringt und dass wir nur an diesen gemessen sagen können, was es heißt, im Philosophieren Fortschritte zu machen. Eine Philosophie, die uns auffordert, von der Praxis des Alltags und des eigenen Lebens auszugehen, spricht also eine *Einladung* und *Ermutigung* zum Gespräch und eine *Aufforderung* an uns aus, ein Interesse an einem neuen umfassenderen Verständnis einer lebendigen menschlichen Existenzweise zu entwickeln.

Aufforderungen, Ermutigungen und Einladungen nehmen die Leserin und den Leser als Personen ernst, respektieren und erkennen sie als Menschen an, die in der Lage sind, ihr Geschick selbst in die Hand zu nehmen. Das ist keine Voraussetzung dieses Philosophierens, sondern dient einem offenen Verhältnis für den wechselseitigen Austausch. Wo aber sollen die Fähigkeit zu zweckgerichtetem, planvollen Handeln, Rationalität und Lernfähigkeit herkommen, wenn sie nicht schon in unseren alltäglichen Praktiken angelegt sind? Gegen die Überheblichkeit und Selbstermächtigung einer Philosophie etwa, die beansprucht, eine besondere Art des Wissens zu erzeugen, das weder alltäglichen noch wissenschaftlichen Erfahrungen zugänglich ist, wendet sich in der Philosophie der Moderne und Gegenwart nicht nur der Pragmatismus. Er tut dies aber in besonderer Weise. So wendet sich Peirce z.B. gegen eine Philosophieauffassung, die nur den Zweifel als systematischen Anfangspunkt der Philosophie zulassen will. Zweifeln, argumentiert er 1868 in seinen frühen Schriften gegen Descartes' methodischen Zweifel, kann man nur von konkreten Anlässen aus:

»Wir können nicht mit völligem Zweifel anfangen. Wir müssen mit all den Vorurteilen beginnen, die wir wirklich haben, wenn wir mit dem Studium der Philosophie anfangen. [...] Wir sollten nicht vorgeben, in der Philosophie etwas zu bezweifeln, was wir in unserem Herzen nicht bezweifeln!« (EP1, 28 f.; deutsch in: SPP, 40–41)

Daher können wir späterhin legitimerweise von einer voll entwickelten Philosophie verlangen, dass sie uns *explizit* vorführt, wie diese Fähigkeiten und Gegebenheiten *implizit* wirksam sind und wie durch sie das Lernen und eine Veränderung der Praxis möglich wird. Die Aufforderung, die der englische Originaltitel des Buchs des Neopragmatisten Robert Brandom gibt, lautet deshalb ganz in diesem Sinne: *Making it explicit* – das bisher Unausgedrückte explizit formulieren.

Ich fasse kurz zusammen, wie ich die Rede vom Primat des Alltags, des individuellen Lebens im Anfang des Philosophierens verstehen möchte: Es handelt sich erstens um eine Verabschiedung des Anspruchs auf vollständige und letzte Begründbarkeit in der Philosophie und zweitens um eine Einladung zum Philosophieren ohne Vorurteile gegen alltägliche und normale Erfahrungen und Urteile: Jede Erfahrung zählt auf dieselbe Weise, jeder Ausgangspunkt, jede Meinung sollte zunächst akzeptiert werden. Als Gesprächs-, Dialog- und Denkpartner sind wir gleichberechtigt – gerade am Anfang und bei der Einführung in das Philosophieren.

Charles Sanders Peirce: Leben und Werk

In seiner Philosophie wollte Peirce zeigen, wie man das »Konkret-werden des Vernünftigen« verstehen kann. Was für ein Mensch war er, der sich einerseits für das Geltungsrecht der alltäglichen Erfahrungen und Gespräche aller Menschen als Ausgangspunkt der Philosophie einsetzte und andererseits abstrakten Katego-rien und mathematischen Formen eine entscheidende Funktion in aller Erfahrung zusprach? Was besagt schon eine Liste der etwa zwei Dutzend Wissenschaften, zu denen Peirce in acht-hundert Publikationen, Patentschriften und wissenschaftlichen Berichten, insgesamt ungefähr 12000 Seiten, beigetragen hat? Und was können uns heute seine Monographie *Photometric Re-searches* (W3, 382–495) über die Helligkeitsverteilung der Fix-sterne und die mathematischen Probleme der Fehlertheorie bei Schwerkraftmessungen oder die Patentschriften des chemischen Ingenieurs und des Kartographen Peirce noch über ihn sagen? Will man sein Leben in einem Satz beschreiben, so könnte man sagen: ein genialer Mann, der alle Chancen auf eine erfolgreiche wissenschaftliche Karriere ruinierte – und dem es trotzdem ge-lungen ist, ein beeindruckendes philosophisches und wissen-schaftliches Werk zu hinterlassen.

Versuchen wir dieses Leben von seinem traurigen Ende her zu beschreiben. Schauen wir in einen Brief, den der achtundfünf-zig Jahre alte Peirce an seinen erfolgreicheren Freund und Mit-pragmatisten, den berühmten Psychologen und Philosophen William James, schrieb, der in Harvard lehrte:

»Ich habe in den letzten Jahren sehr viel über Philosophie gelernt, weil es sehr unglückliche und erfolglose Jahre waren – furchtbare Jahre, jen-seits allem, was ein Mensch mit normaler Erfahrung möglicherweise ver-stehen oder sich vorstellen kann. [...] Außerdem hat sich mir eine neue

Welt erschlossen, von der ich nichts wußte und über die ich niemanden finden kann, der kenntnisreich über sie geschrieben hat – die Welt des Unglücks. [...] Ich würde gern ihre Physiologie beschreiben.«[6]

Mit solchen brieflichen Hilferufen aus Milford, das in der Wildnis der Wälder Pennsylvanias liegt, wandte sich Peirce in den letzten zwanzig Jahren seines Lebens nicht nur an William James, sondern an viele seiner Freunde. Seit 1907, nachdem zwei Studenten den alten Peirce bewusstlos vor Hunger aufgefunden hatten, organisierte William James mit einigen Freunden einen Hilfsfonds für Peirce und seine Frau Juliette. Das war die schwierige, ja verzweifelte Lebenssituation, in der sich Peirce gegen Ende seines Lebens befand. Wie war es dazu gekommen?

Der Anfang dieses Lebens war äußerst viel versprechend, die Bedingungen überaus günstig für eine glänzende wissenschaftliche Karriere. Charles wurde an einem Dienstag, dem 10. September 1839, als das zweite Kind des Mathematik- und Astronomieprofessors Benjamin Peirce in Cambridge geboren. Drei jüngere Geschwister folgten noch in dieser achten Generation einer neuenglischen Gründerfamilie. In Cambridge wuchs Charles in einer überaus begüterten und gebildeten Umgebung auf. Intellektuell, sozial und politisch gehörte die Familie Peirce zur Führungsschicht der schon damals bedeutenden amerikanischen Universitätsstadt Cambridge. Die Mutter war die Tochter des Senators von Massachussetts, E.H. Mills, der Vater war der erste international bedeutende Mathematiker, den die USA hervorbrachten. Neben seiner Tätigkeit an der Universität nahm er wichtige Regierungsaufgaben wahr und leitete die Vermessungs- und Küstenschutz-Behörde der USA (Coast and Geodetic Survey). Peirces jüngerer Bruder Herbert Henry Davis machte im diplomatischen Dienst Karriere, und sein älterer Bruder James Mill wurde wie der Vater Professor für Mathematik in Harvard. Charles war der

Liebling und die große Hoffnung seines Vaters, der in ihm das künftige Genie erkannte. Der Vater förderte und unterstützte Charles beruflich bis zu seinem Tode 1879 in jeder Hinsicht. So verhalf seine dominante Protektion dem häufig sehr hochfahrenden und arroganten jungen Mann zu seiner einzigen längerfristigen Anstellung bei der Coast and Geodetic Survey. Für sie war Peirce als Experimentalwissenschaftler (Geodät) ebenso wie als Mathematiker (mit Beiträgen zur mathematischen Fehlertheorie) dreißig Jahre lang tätig.

Peirce war kein herausragender Schüler oder Student. Eher beiläufig schloss er das Studium der Chemie 1863 nur mit dem »Bachelor of Science« an der Lawrence Scientific School der Harvard University als erster Student in ihrer Geschichte mit summa cum laude ab. An der Lawrence School lernte er auch William James kennen, es begann eine lebenslange intellektuelle und menschliche Freundschaft.

Schuld an den schlechten Noten des Schülers und Studenten hatten seine weit ausgreifenden Interessen, die sich schon früh über ein gutes Dutzend Wissenschaften erstreckten. Peirce wurde vom Vater intensiv in Philosophie und in den unterschiedlichsten Naturwissenschaften ausgebildet. Mit acht Jahren hatte ihn dieser intensive Unterricht so weit in die Mathematik eingeführt, dass er sich für deren Anwendung in Astronomie und Chemie zu interessieren begann. Mit elf Jahren soll Peirce eine Geschichte der Chemie geschrieben haben, mit dreizehn begann seine lebenslange Begeisterung für die Logik, die sich an der Lektüre eines englischen Logikbuchs (Whateleys *Logic*) entzündete.

Der Vater hatte seinen höchstbegabten Sohn nicht wie ein Kind ausgebildet, sondern wie einen jungen Soldaten der Wissenschaft gedrillt. Seine kognitiven und persönlichen Fähigkeiten wurden aufgabenbezogen und nur insoweit sie für das wissenschaftliche Arbeiten relevant waren trainiert. Außerdem scheint die intensive und dominante Zuwendung des Vaters bewirkt zu haben, dass Peirce kein realistisches Bild von sich selbst und von den Beziehungen zu anderen Menschen entwickeln konnte. Später erwarb er sich aufgrund seiner anspruchsvoll-dominanten Persönlichkeit den Ruf, unsozial und unangenehm zu sein – unduldsam insbesondere gegenüber dummen und ungebildeten Zeitgenossen, hochfahrend, arrogant und überheblich. Die intensive, skurrile Erziehung, die Benjamin Peirce ersonnen hatte, hatte also nicht nur den erhofften Effekt, die Intelligenz und Disziplin des Schülers, Studenten und künftigen Wissenschaftlers zu stärken, auch wenn sie jene mehr als 100 000 Seiten umfassende Produktion des peirceschen Lebenswerks möglich machte: Peirces Arbeitswut und exklusive Konzentration gingen so weit, dass sie über Tage und Wochen weder Schlaf noch Gespräche noch irgendeine andere Tätigkeit zuließen. Seine extreme Persönlichkeit ist auch einer der Gründe seiner extremen beruflichen Erfolglosigkeit. Ein weiterer Grund ist der Skandal, den die Scheidung von der ersten Frau und das Leben in »wilder Ehe« ab 1884 mit der späteren zweiten Frau Juliette an der Johns-Hopkins-Universität hervorriefen, an der Peirce zu dieser Zeit Logik lehrte.

Andere Beeinträchtigungen seiner Arbeitsfähigkeit kamen hinzu. Er neigte zu jähen Stimmungswechseln, Depressionen und gewalttätigen Auseinandersetzungen mit Frauen, insbesondere aus dem Kreis des Küchenpersonals. Außerdem litt bereits der junge Peirce an einer damals nicht heilbaren und nur mangelhaft behandelbaren, periodisch auftretenden schmerzhaften Erkrankung der Gesichtsnerven. Diese Trigeminusneuralgie fesselte ihn tage- und wochenlang ans Bett oder zwang ihn, starke Schmerzmittel wie z.B. Laudanum (Opiumtinktur) zu nehmen.

Von einer Tätigkeit als Lehrbeauftragter in Harvard im Jahre 1865 und einer kurzen Periode als Logikdozent an der Johns-

Hopkins-University in Baltimore zwischen 1879 und 1884 abgesehen, hatte Peirce niemals eine feste Anstellung an einer Universität. Er arbeitete als Mathematiker, von 1896 bis 1902 als beratender chemischer Ingenieur, als philosophischer Schriftsteller, Erfinder und Rezensent diverser Zeitschriften und Magazine. Von 1861 bis 1891 war er nicht nur als wissenschaftlicher Assistent, sondern auch als Abteilungsleiter für die Vermessungs- und Küstenschutzbehörde der Vereinigten Staaten tätig. Seine Reisen für diese Behörde als Experimentalwissenschaftler, der als Geodät mit dem Pendel die Schwerkraft misst, führten ihn um die ganze Welt und zu internationalen Kongressen (siehe die Zeittafel). Für eine große Enzyklopädie, *The Century Dictionary and Cyclopedia*, die 1889 erschien, schrieb und überarbeitete er von 1885 bis 1891 mehr als 12 000 kleine und große Beiträge zu mathematischen, philosophischen, naturwissenschaftlichen und psychologischen Begriffen.

Wie kaum ein anderer Philosoph seiner Zeit verband Peirce ein breites und detailliertes Wissen der Philosophiegeschichte, insbesondere auch der Logik und Metaphysik des Mittelalters, mit einer breiten theoretischen und – in etlichen Disziplinen – auch experimentell erworbenen Erfahrung in den Naturwissenschaften.

In jüngeren Jahren häufig auf Reisen und auch weiterhin in brieflichem Kontakt mit vielen Gelehrten des In- und Auslands, lebte Peirce seit etwa 1890 mit seiner zweiten Frau Juliette immer stärker zurückgezogen und in Armut in einem Haus in den Wäldern nahe dem abgelegenen Ort Milford, Pennsylvania. Dort starb er am 19. April 1914 nach einer fünfjährigen Krebserkrankung. Noch wenige Minuten vor seinem Tod hatte er sich die letzten Notizen zu einem neu konzipierten Logikbuch mit dem Titel *Weshalb ist unser Denken verläßlich?* gemacht.

2. Kategorien:
Ein Rätsel der peirceschen Philosophie

Die Formulierung des Rätsels

Kann man die Erfahrung des Menschen mit sich und der Welt in einer kurzen Antwort, einer Summe oder Formel philosophisch fassen, ohne sie zu beschreiben? Vielleicht nur in einem Gleichnis. 1896 schrieb Peirce den Entwurf zu einem Buch mit dem Titel *Eine Vermutung über das Rätsel*. Für das Titelblatt war die Abbildung einer Sphinx vorgesehen, neben der die Zeilen eines Gedichts von R.W. Emerson stehen sollten:

> »Die alte Sphinx biss auf ihre dicke Lippe, –
> Sagte, ›Wer lehrte Dich, mich zu nennen?‹
> Ich bin Dein Geist, Leidensgefährte,
> Von Deinem Auge bin ich der Blick.«[7]

Was ist das für eine Vermutung, mit der Peirce glaubte, den sich erblickenden Blick zu fassen, die Summe menschlicher Existenz ziehen zu können? Seine Vermutung lautet, dass unsere Existenz in drei Universen zugleich angesiedelt ist: Alles menschliche Verstehen, jede Erfahrung, jeder Traum und noch jeder flüchtige Gedanke, Eindruck und ebenso jede noch so komplizierte wissenschaftliche Theorie werden durch lediglich drei Formen strukturiert, die durch drei Typen von Begriffen darstellbar sind. Diese drei allgemeinen Begriffstypen sind die einzigen Begriffe, die uneingeschränkt allgemein anwendbar (universal) und nicht weiter auf andere Begriffe zurückführbar sind. Mit der philosophischen Tradition seit Aristoteles nennt Peirce sie Kategorien. Das ist seine Lösung des Rätsels, die ebenso dunkel ist wie der Spruch der Sphinx: Es gibt genau drei elementare Typen von Begriffen oder Kategorien, nämlich Erstheit, Zweitheit und Drittheit. Kann eine solche Aussage die Summe eines Philosophierens darstellen und es zugleich begründen und erklären, wie Peirce zu denken scheint? Diese Annahme ist, darin sind sich seine Kommentatoren einig, rätselhaft, geheimnisvoll und dunkel.

Philosophie ist jene Art von Theorie, in der die Formulierung eines Rätsels bereits ein entscheidender Schritt ist. Trotzdem: Die Formulierung des Rätsels ist noch nicht seine Lösung. Peirce war von seinen Kategorien so fasziniert, das er zu genau diesem Fehler neigte. Er formulierte seine geheimnisvolle These, dass mit den drei Kategorien eine allgemeine Erklärung der Form aller Erfahrung möglich sei, als Lösung für produktives Philosophieren. Doch auch mit der Benennung der Kategorien steht die Auflösung des Rätsels aus. Sie müsste begründet, in ihrer Zielsetzung argumentativ erklärt und in ihren Konsequenzen ausgeführt werden. Nur eines steht bereits fest: Wie immer der Versuch, die Bedeutung der Kategorien aufzuklären, letztlich enden mag, die Suche nach einer einheitlichen kategorialen Form der Erfahrung, die auch die Form der Wirklichkeit ist, steht im Mittelpunkt dieses Philosophierens. Peirce zeigt damit, dass sein Philosophieren in der Kategorientheorie die große Tradition der Philosophie von Aristoteles' *Kategorien*[8] und Kants *reinen Verstandesbegriffen*[9] fortführt.

Im Folgenden werden wir eine vorläufige Lösung des Rätsels der Kategorien erarbeiten, indem wir den Gehalt der Kategorientheorie veranschaulichen. Doch zunächst soll näher beschrieben werden, um welche Kategorien es sich dabei handelt. Gehen wir von Peirces Darstellung aus:

>[...] es gibt drei *universale Kategorien.* Da alle drei ständig gegenwärtig sind, ist es unmöglich, eine reine Idee irgendeiner von ihnen zu bilden, die absolut von den anderen unterschieden ist. Ja, selbst so etwas wie ihre ausreichend klare Unterscheidung kann nur das Ergebnis langen und angestrengten Forschens sein. Sie können mit *Erstheit, Zweitheit* und *Drittheit* bezeichnet werden. *Erstheit* ist das, was so ist, wie es eindeutig und ohne Beziehung auf irgend etwas anderes ist. *Zweitheit* ist das, was so ist, wie es ist, weil eine zweite Entität so ist, wie sie ist, ohne Beziehung auf etwas Drittes. *Drittheit* ist das, dessen Sein darin besteht, eine Zweitheit hervorzubringen. Es gibt keine Viertheit, die nicht bloß aus Drittheit bestehen würde.< (EP I, 267; deutsch in: PLZ, 55)

Hier werden drei abstrakte Begriffe beschrieben, die unterscheiden, welche Beziehungen, Sachverhalte und Dinge es in jeder Erfahrung geben soll: ein Etwas, eine Bestimmung an oder in jeder Erfahrung. Manches in der Erfahrung steht für sich allein, anderes nur in Beziehung zu etwas Zweitem. Ein Drittes kann Beziehungen zwischen einem Ersten und einem Zweiten herstellen. Die Kategorien sind also keine normalen Begriffe wie »Auto« oder »Elementarteilchen«. Kategorien sind Formelemente, die in vielerlei Begriffe auf unterschiedliche Weise eingehen können. Deshalb sagt Peirce über die Erstheit, sie sei »nicht an diesen besonderen Begriff gebunden, sondern [...] das in dieser Definition charakteristische und eigentümliche Element und ein hervorstechender Bestandteil von Qualität, Qualitativität, Absolutheit, Originalität, Vielfalt, Zufall, Möglichkeit, Form, Wesen, Gefühl usw.« (SB1, 74). An anderer Stelle weist er auf das starke erstheitliche Moment in den Begriffen der Frische, Spontaneität und Neuheit hin. Über die Zweitheit sagt er, sie sei dasjenige »charakteristische Element, dass in den Ideen der dyadischen Relativität oder Relation, der Handlung, Wirkung, Existenz, Individualität, Opposition, Negation, Unabhängigkeit oder blinden Kraft vorherrscht« (Ebenda). In seiner evolutionären Kosmologie ist aber das Gesetz das Zweite. Die Drittheit beschreibt er als »jenen charakteristischen Bestandteil [...], der in den Ideen des Werkzeugs, des Organon, der Methode, des Mittels, der Vermittlung, des Zwischenzustandes, der Darstellung, der Kommunikation der Gemeinschaft, der Zusammensetzung, der Allgemeinheit, der Regelmäßigkeit, der Kontinuität, der Totalität, des Systems, des Verstehens, der Erkenntnis, der Abstraktion usw. vorherrschend ist« (Ebenda).

Die Kategorien greifen drei Begriffstypen heraus, indem sie eine immer gegenwärtige Formeigenschaft von Begriffen angeben. Diese Formeigenschaft ist die Wertigkeit (oder ihre Relationalität, siehe dazu das Kapitel *Relation und Relationalität*, S. 83–87) aller Begriffe. Die Wertigkeit jedes Begriffs besteht darin, dass er auf entweder ein, zwei oder mehrere Objekte bezogen werden muss, um eine konkrete Bedeutung zu haben. Die Kategorien liefern deshalb Unterscheidungen der Form jener Begriffe von Dingen, Beziehungen und Sachverhalten, die in keiner Denk- und Erkenntnissituation fehlen können:

Wir müssen stets *etwas* haben, an das wir denken, das wir erfahren oder über das wir etwas erkennen. Dieses Etwas ist das Objekt der geistigen Aktivität, das unabhängig von allem anderen ist. Als ein unabhängig Erstes kann sein Begriff nur die Form der Erstheit aufweisen.

Doch wenn wir etwas Erstes haben, dann müssen wir dieses Erste durch Trennung oder Negation stets von irgendeinem Zweiten unterscheiden können, sonst wäre es kein unterscheidbares Objekt für uns. Das Formelement eines Zweiten ist notwendig, um zu einer vollständigen Erfahrung oder einem vollständigen Gedanken gelangen zu können. Doch jede solche Struktur oder

32

jeder solche Begriff, der zwei Elemente aufeinander bezieht, weist die Form der Zweitheit auf.

Wenn wir ein Erstes und ein Zweites unterschieden haben, erkennen wir, dass eine Beziehung durch eine Unterscheidung hergestellt werden kann, die ein Erstes und ein Zweites einander zuordnet. Eine solche Beziehung der Vermittlung zwischen einem Ersten und Zweiten wird deshalb zu jedem Denken oder Erfahren gehören. Damit sind wir auf eine Form von Relation gestoßen, welche die Zweitheit überwindet: Sie ist nur in einem Begriff fassbar, welcher die Form der Drittheit aufweist, weil er die Relation zwischen einem Ersten und einem Zweiten herstellt.

Mit diesen drei Elementen kann ein Denk- oder Erkenntnisprozess in einer Hinsicht in sich vollständig sein und in allen seinen nicht inhaltlichen Bestandteilen beschrieben werden. Diese Art der Darstellung der Kategorien gibt Peirces Argumentation in seiner frühen Schrift *Eine neue Liste der Kategorien* von 1867 wieder. (SB 1, 147–159)

Diese Beschreibung der Rolle der Kategorien im Denken und Erkennen ist allerdings viel zu allgemein, um das Rätsel aufzulösen. Sie zeigt nicht, was erkannt werden muss, um eine solche Behauptung zu rechtfertigen. Sie zeigt uns auch nicht, wieso die Kategorien sowohl für unser Denken als auch für die Wirklichkeit Gültigkeit beanspruchen können. Eine grundsätzliche Annahme der peirceschen Kategorientheorie und damit seiner Philosophie insgesamt lautet, dass logische Formen für sich genommen erkennbar sind. Ja, die Erkennbarkeit der Wirklichkeit hängt von einer Übereinstimmung ab, die zwischen ihr und dem Erkennen besteht und nur in der gemeinsamen logischen Form fassbar wird. Tatsächlich werden wir sehen, dass Peirce diesen logischen Realismus, den er für seine Kategorientheorie beansprucht, auch für die Philosophie insgesamt fordert.

Um hier weiter zu kommen, ist zu klären, wovon die Kategorientheorie handelt und wann sie sich als richtig erweisen kann. Denn schon ihr Thema und Gegenstand sind ja nicht ganz klar geworden: Wie prägen und organisieren die Kategorien unser Denken und Erfahren? Kann man erkennen, dass sie auch (direkt oder nur implizit?) etwas über die Wirklichkeit sagen? Versuchen wir uns der Antwort zu nähern, indem wir die Kategorien veranschaulichen. Erst in einem weiteren Schritt kann es dann darum gehen, die philosophische Leistung und Bedeutung der Kategorientheorie abzuschätzen.

Verbindungen: Die Welt und das Denken

Wenn man vor einem Rätsel steht, das schwer aufzulösen ist, so empfiehlt es sich, zunächst eine einfachere Version einer Lösung zu erproben, selbst wenn von Anfang an klar ist, dass es sich nicht um eine vollständige Lösung handelt, sondern eher um eine Ersetzung: An die Stelle des Rätsels setzen wir eine Weise des Nachdenkens über einen ähnlichen Fall. Durch eine derartige Annäherung lässt sich eine Lösung eingrenzen.

Den Hinweis auf eine solche »Ersetzung« liefern die Kategorien selbst: Sie stehen nicht für irgendwelche Gattungen oder Arten von Dingen, sondern geben vielmehr an, welche *Formen* von Begriffen es geben kann. Wir benötigen nur eine Verbindung, nämlich jene, die ein Ding oder eine Eigenschaft schon selbst aufweist, wenn es um Erstheit geht. So sind z.B. alle Farben, Gerüche und Geschmäcke bereits durch sich selbst bestimmt. Besteht aber der Witz eines Sachverhalts oder Dings darin, eine Verknüpfung zwischen zwei anderen Dingen, Ereignissen oder Gegenständen zu sein, dann ähnelt er einer Zweitheit. Die Tatsache, dass ich jetzt *auf* einem Stuhl sitze, ist zweitheitlicher Natur. Wird dagegen von etwas Drittem, einer Handlung, einem Ereignis oder einem Gegenstand, eine Beziehung zwischen zwei Gegenständen hergestellt, geht es um eine drittheitliche Funktion.[10] Alle Gespräche z.B. stellen eine Beziehung zwischen mindestens zwei Menschen her; das Scharnier einer Tür hat die Aufgabe, die Tür mit dem Türrahmen beweglich zu verbinden.

In der Kategorientheorie geht es zwar um Verbindungen, aber doch um solche, die gleichsam durch die Art, wie sie zustande kommen, und nicht so sehr durch die Gegenstände, zwischen denen sie bestehen, charakterisiert sind: Schließlich sollen die Kategorien allgemeine Formen der Erfahrung von etwas sein. Eine solche verbesserte Annäherung an die Kategorien erhalten wir, wenn wir uns der graphisch-geometrischen Darstellung von Verbindungen zuwenden. Versuchen wir zunächst einmal, drei Formen der Verknüpfung graphisch darzustellen. Wir legen fest, dass jede Linie, die von einem durch ● bezeichneten Ort ausgeht, eine offene Verbindungsmöglichkeit darstellt. Dann können wir die folgenden drei Formen von Bindungsmöglichkeiten unterscheiden:

einfache Bindung:
zweifache Bindung:
dreifache Bindung:

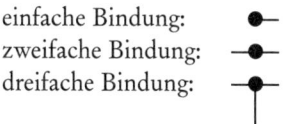

Betrachten wir nun diese drei Formen und die Möglichkeiten der Verknüpfung, die sie gestatten. Wir wollen annehmen, dass es immer nur eine Weise der Verbindung zwischen graphischen Formen gibt: Es wird stets nur je eine offene Verbindung einer Form mit einer offenen Bindung der anderen verknüpft. Nach der ersten Verknüpfung lässt sich aus der ersten From keine weiter verknüpfbare Form bilden:

(1)

Dies zeigt: In einfache Verbindung können Formen nur jeweils zu einer weiteren Form treten. Lassen wir aber einfache und zwei-fache Bindungen zu, so sieht die Sache schon anders aus. Denn nun können wir aus zweiwertigen Formen beliebig lange Ketten bilden. Eine solche Kette mit einem offenen Ende entsteht auch dann, wenn der Startpunkt eine einmal-bindende Form ist:

(2)  usw.

Andererseits ist deutlich, dass bei dieser Art der Verknüpfung nichts anderes als lineare Verknüpfungen herstellbar sind (auch wenn die Kette der Verknüpfungen einen Kreis bildet und in sich selbst zurückläuft). Keine Kombination von zweiwertigen graphischen Formen erlaubt es, eine Graphik des dritten Typs zu erzeugen. Doch verbinden wir zwei dreistellige Formen, so erhal-ten wir eine Graphik, die vier offene Verbindungen aufweist:

(3)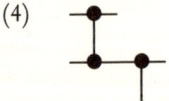

Verknüpfen wir damit eine weitere dreiwertige Form, so erhalten wir eine fünfwertige Form:

(4)

Im nächsten Schritt wollen wir das Ergebnis dieser Veranschau-lichung verallgemeinern. Wir können auf dieser Grundlage z.B. sagen, welche Struktur jede Verknüpfungsoperation zwischen den graphischen Formen aller Wertigkeiten aufweist, um in dieses System zu passen. Denn für die Weise, wie wir Verbindungen beschrieben haben, gilt stets: Die Zahl der offenen Verbindungen einer neuen Form R ist stets die Summe der offenen Verbindungen der beiden ursprünglichen Formen M + N abzüglich 2. Alle Verknüpfungen kommen dadurch zustande, dass die für die neue Form R möglichen Verknüpfungen stets die Summe der offenen Verbindungen der beiden ursprünglichen Formen abzüglich der beiden verwendeten Bindungsmöglichkeiten, also $R = (N + M - 2)$, sind. Blicken wir kurz auf unsere Beispiele zurück. Das erste Beispiel wird durch $(1 + 1 - 2) = 0$ beschrieben, das dritte Beispiel kann durch $(3 + 3 - 2) = 4$ und das vierte durch $(4 + 3 - 2) = 5$ dargestellt werden.

Können wir dieses Ergebnis nun auf die Kategorien übertragen? Prüfen wir zunächst, wieweit wir sie damit verständlich machen können. Es folgt sogleich, dass die Gleichung $R = (M + N - 2)$ die einheitliche Form aller Verbindungen zwischen Begriffen darstellen sollte, die sich gemäß den Kategorien einordnen lassen. Die Kategorien klassifizieren die Verknüpfungen zwischen Begriffen und nicht Verbindungen zwischen den Gegenständen, die unter diese Begriffe fallen. Peirces Kategorientheorie steht unter der idealistischen Annahme, dass die Beziehung zwischen den Gegenständen von der Form der begrifflichen Verknüpfungen her dargestellt werden kann. Warum aber sollen alle erfahrbaren Verbindungen eine solche – sehr einfache Form – aufweisen, die diesem algebraischen Schema gehorcht?

Die Antwort lautet: Die Form der Welt ist die Form des begrifflichen Denkens über die Welt. Wir denken begrifflich stets so, dass zwei Begriffe, symbolisiert durch M und N, miteinander verknüpft werden. Sie bilden einen neuen Begriff R, den sie dadurch formen, dass ihre Bindungsfähigkeit durch das Eingehen der Verbindung – Peirce: die »Gegenstände« der Begriffe werden identifiziert – jeweils mindestens um einen Wert abnimmt: deshalb »minus 2«. Was Peirce als die »Gegenstände« der Begriffe bezeichnet, sind diejenigen Gegenstände, die durch die Verknüpfung der Begriffe miteinander identifiziert worden sind. Allgemein oder unbestimmt ist diese Identifikation deshalb, weil sie nicht von dem einzelnen Gegenstand ausgeht, auf den wir uns unabhängig von den begrifflichen Beziehungen beziehen können. Vielmehr bestimmen wir die Gegenstände durch den Begriff ihrer Eigenschaften: Jeder Gegenstand, der jene Eigenschaften aufweist, welche durch die begriffliche Verknüpfung definiert werden, ist dadurch identifiziert. Den identifizierenden Begriffsrelationen entsprechen in unserer graphischen Veranschaulichung die hergestellten Verknüpfungen. Daraus folgt: Die Kategorienlehre macht nur Sinn, wenn die Operationen über Begriffsrelationen als Ausgangspunkt allen Philosophierens, von Logik und Ethik ebenso wie von Wissenschafts- und Erkenntnistheorie und Metaphysik ausreichen. Peirce hat eine Logik der Relationen erfunden, die diesen Ansatz auch formallogisch durchführt. Alle Erfahrung und alles Sein lässt sich gemäß dieser Sichtweise von einer Logik der begrifflichen Verbindungen her erfassen. Was für uns als ein Gegenstand erfahrbar ist, muss allein durch die Identifikation der offenen Kontaktflächen von Begriffen bestimmbar sein.

Die Einheit der Wirklichkeit und die Vollständigkeit der Kategorien

Was haben die Logik der Verknüpfung zwischen Begriffen und ihre Wertigkeit als Teil ihrer Bedeutung mit der Einheit der Wirklichkeit zu tun? Ist die Einheit der Wirklichkeit nicht von unserem Denken unabhängig? Muss ein Verstehen der Einheit und Vielheit der Wirklichkeit nicht selbst einheitlich sein – und nicht dreiheitlich und operational? Die Einheit des Seins kann auch durch die *Form eines Verstehenszusammenhangs* bewahrt und dargestellt werden. Dann wäre sie nicht durch die Zahl ihrer Aspekte, zeitlichen und räumlichen Bestimmungen, ihrer Elemente, individuellen Gegenstände oder substanziellen Formen einheitlich bestimmt. Gegen diesen Vorschlag wäre es kein Einwand, wenn wir mehrere Arten von Operationen und Begriffen, zwei, drei, vier oder zehn Kategorien benötigen, um die Einheit des Seins darzustellen. Wir müssten lediglich fordern, dass alle Operationen und Begriffe stets eine konsistent kombinierbare und vollständig abgeschlossene Gruppe von Formen oder Kategorien bilden. Diese koordinierte Kategoriengruppe charakterisiert die menschliche Perspektive, in der es darum geht, Relationen und Verknüpfungen für uns, für den menschlichen Verstehenszusammenhang zu verknüpfen und zu identifizieren.

Aber wie können wir effektiv entscheiden, welche Zahl und Art der Kategorien angemessen sind? Und was garantiert uns, dass eine Liste der Kategorien – z.B. die zwölf Kategorien in Kants *Kritik der reinen Vernunft* – die Einheit des Seins durch das bewahrt, was irgendeine Form des menschlichen Verstehenszusammenhangs herstellt? Schließlich könnte es vielerlei (völlig fiktive) Formen des Verstehens geben, die nicht für jeden Verstehenszusammenhang gelten.

Wir benötigen Maßstäbe dafür, was Einheit auf dieser Ebene der Formen bedeutet. In der Frage, welche Eigenschaften den drei Strukturkategorien zukommen müssen, um ihre Aufgabe zu erfüllen, werden wir sehen, dass einige formale Eigenschaften als normative Anforderungen die Einheit des Seins bewahren können. Im vierten und fünften Kapitel werden wir sehen, dass es in der Tat eine formale Eigenschaft, die Transitivität, gibt, die wahrheits- und informationsbewahrend wirken kann.

Was ist der von der Kategorienlehre erfasste Bereich, in dem Gegenstand, Form und Universalität in kategorialen Unterscheidungen zusammenfallen? In welchem Sinne wird durch die Kategorien ein wesentlicher Aspekt der Wirklichkeit thematisiert, der ohne sie unverstanden bliebe? Der Erfahrungsbereich der Kategorientheorie ist die Struktur des menschlichen Erkennens selbst, insofern es stets eine Form und einen Gegenstand hat, der durch Relationen bestimmt ist. Es wäre allerdings wenig hilfreich, wenn wir das lediglich so verstünden, dass alle Gegenstände von uns »irgendwie« immer relational erfahren und erkannt werden. Hier geht es um die stärkere These, dass das Erkennen, seine Universalität und sein Gegenstand nur in einem Punkte identifizierbar sind: Es geht im Erkenntnisprozess und bei seinen Objekten darum, Relationen als bereits verknüpfte zu verstehen. Das bedeutet: Wir betrachten stets Operationen über Relationen. Dies sind Weisen, Relationen so zu erfassen, dass sie als Relationen in Relation zu Relationen erkennbar werden. Wir werden versuchen, die Kategorien als Ausdruck der Relationen-Hypothese zu interpretieren.

Was wir an dieser Stelle nur sagen können ist, dass Peirces Rätsel auch darauf beruht, dass es unsere Fähigkeit, formale Eigenschaften und Formen identifizieren zu können, zur problematischen Voraussetzung menschlicher Erkenntnis macht. Man kann dies als die These lesen, dass die Fähigkeit zum Erkennen und Abstrahieren von formalen, relationalen Eigenschaften in den Wissenschaften und der Philosophie eine innovative und erkenntnisleitende Rolle übernimmt. Die relationale Form unseres Denkens und Erkennens ist wirksam, und das Wissen um sie ist für das Philosophieren entscheidend. Sie wird uns in der Praxis des Erkennens und Handelns selbst dann leiten, wenn wir nicht explizit um sie wissen. Wie kam Peirce zu dieser neuen Konzeption erkenntnistheoretischer und metaphysischer Fragen in einer Theorie kategorialer Formen?

Die logische Form des Geistes und der öffentliche Charakter der Wirklichkeit

Bereits in Peirces frühem Philosophieren lässt die Verknüpfung der Logik, der logischen Eigenschaften des Geistes und der Logizität der Welt die wesentlichen Elemente eines logischen Idealismus deutlich hervortreten. Blicken wir auf eines der ersten Dokumente dieser Arbeit. Als Peirce 1865 in Harvard als Lecturer zum ersten Mal in seinem Leben über *The Logic of Science* sprach, war er 25 Jahre alt. Dies ist einer der Ausgangspunkte seines Denken: Für ihn ist Logik eine Wissenschaft jener Formen, die das Denken auf eine reine und formale Weise charakterisieren. »Rein« ist die Logik deshalb, weil wir uns mit keiner besonderen Tatsache, weder das Denken selbst noch seine Objekte betreffend, aufhalten müssen. Der frühe Peirce geht von der kantischen Logikdefinition aus, die er mit den Worten, die Logik sei »die Wissenschaft von den notwendigen Gesetzen des Verstandes und der Vernunft« (SB1, 89) wiedergibt.

Peirce behauptet nun, dass diese Definition von Logik mit einer anderen Definition gleichwertig sei, die lautet, Logik sei »die Wissenschaft von der reinen Form des Denkens im allgemeinen« (Ebenda). Dies leuchtet auf den ersten Blick wenig ein, denn diese Definitionen sind offensichtlich nur dann gleichwertig, wenn man unterstellt, dass die »notwendigen Gesetze des Verstandes und der Vernunft« stets mit der »reinen Form des Denkens« identisch sind. Was aber ist eine reine Form des Denkens? Hier, im Begriff der logischen Form, schlummert der Keim der Erneuerung, der Peirces Ansatz über den kantischen hinaustreibt. Die Idee, dass die logische Form primär ist gegenüber dem Gedanken, den sie formt, ist maßgeblich für das gesamte weitere Philosophieren, für seine Konzeption von Semiotik, formaler Logik und Metaphysik. Peirce nennt diese Betonung der Form die »unpsychologische Sicht der Logik« und legt dabei auf eines besonderen Wert: Der Begriff der logischen Form soll die Logik von einzelnen Akten des Denkens dieser Form unabhängig machen. Damit verknüpft er die These, dass die logische Form eines Schlusses beobachtbar ist: Die Gültigkeit eines Schlusses, seine logische Eigenschaft, ist unabhängig davon, ob er gedacht oder geschrieben oder mündlich geäußert wird. Weil aber eine logische Form in »inneren« und »äußeren« Objekten, also Gedanken und Schriftzeichen, bestimmt werden kann, ist sie nicht allein die Form des Denkens. Sie muss in irgendeiner konkreten Gestalt, z.B. in einer Folge deutscher Sätze, formuliert sein. Nur so können unterschiedliche Denker denselben Schluss beobachten: Weil sie stets auch wahrnehmen, dass die konkrete Gestalt eine Form hat, die auch anders darstellbar wäre, ist sie öffentlich zugänglich.

Nehmen wir an, der folgende Schluss steht irgendwo an einer Tafel geschrieben oder vielleicht auf einem Blatt Papier gedruckt:

Alle Eroberer sind Schlächter.
Napoleon ist ein Eroberer.
Also: Napoleon ist ein Schlächter.

Peirce fragt, auf ein solches Beispiel verweisend, seine Zuhörer provokativ:

»Nun hat dies eine bestimmte logische Eigenschaft für mich, wenn ich es schreibe; es hat dieselbe für jeden von Ihnen, wenn Sie es lesen; es wird dieselbe Eigenschaft haben, wenn Sie es morgen lesen; [...] Der Gedanken waren viele, aber diese Form war eine. [...] Demnach gehört diese logische Eigenschaft mindestens ebenso dem an, was an die Tafel geschrieben ist, wie unserem Denken.« (SB1, 90)

Diese Unabhängigkeit der logischen von der jeweiligen konkreten Gestalt bedeutet also, dass die besondere psychologische Eigenschaft – was ich jetzt empfinde und wie ich mein Denken anordne, um eine logische Beziehung zu denken – keine Rolle spielt, solange es um die logische Form geht. Dies ist eine »unpsychologische Sicht« der Logik, die folgendermaßen zusammengefasst werden kann: »[...] ich sage, daß die logische Form schon im Symbol selbst verwirklicht ist; der Psychologist sagt, daß sie nur verwirklicht ist, wenn das Symbol verstanden wurde.« (SB1, 91)

Was heißt es, dass die logische Form im Symbol verwirklicht ist und wahrgenommen wird? Nichts anderes, als dass die logische Form sich nicht allein im Denken ausdrückt, sondern selbst denkunabhängig und extern wahrnehmbar ist. Wer die obigen drei Aussagen liest und nicht versteht, dass die dritte aus den ersten beiden folgt, hat nicht nur die Abfolge nicht als Text verstanden. Er hat noch nicht einmal richtig beobachtet. Wenn ich eine Situation betrachte, so sehe ich Gegenstände und Relationen, Hinter- und Abgründe auf eine beziehungstiftende Weise, die kein Bild festzuhalten weiß. Deshalb sind es erst die Beziehungen zwischen Bildern, die unserem Sehen seine eigene Dynamik noch einmal vorzuspielen scheinen. Film und Fernsehen, Spiegel und Kaleidoskop stehen in dieser irritierenden Wechselwirkung zu der Dynamik unseres alltäglichen Blicks. Denn was ist z.B. ein Film anderes als eine Folge von Bildern, die durch ihre Abfolge für einen Betrachter in eine dynamische Beziehung zueinander gebracht worden sind? Die Bedeutung dieser visuellen Medien für die Philosophie des Geistes und für die formale Logik wird auch heute noch häufig übersehen. Doch die Dynamik der Abfolge von bedeutungsvoll verknüpften Bildern gehorcht ebenfalls einer logischen Form geistiger Prozesse. Diese Form ist in einigen Hinsichten stark unterschieden von der Form des obigen Schlusses, der Napoleon als Schlächter identifiziert, aber sie ist nicht völlig verschieden: In beiden Fällen handelt es sich um Zeichen – Bilder, Aussagen –, die erst durch ihre Beziehung zueinander ihre besondere Bedeutung gewinnen. Und in beiden Fällen, da ist Peirce überzeugt, gibt es eine logische, nämlich relationale Form, die diese Bedeutung ermöglicht.

Mit seiner These des Primats der instantiierten Form bricht Peirce mit einer von der Antike bis zu Locke wirkenden sprachphilosophischen Tradition, die behauptet, dass Wörter oder Symbole arbiträre Zeichen sind, die nur deshalb etwas bezeichnen, weil sie für die »Ideen im Geist« stehen, die sie mit bezeichnen oder »konnotieren«. Sind aber logische Formen wie andere Eigenschaften auch wahrnehmbar, so ist diese Rückführung der Logik und der Bedeutung auf das Denken geistiger Gehalte durchbrochen. Dies bedeutet nicht, dass Denken und logische Form nicht in enger Weise aufeinander bezogen wären. Doch ist die logische Form von der Tatsache befreit, dass sie gedacht wird. Diese neue Art der Beziehung zwischen Logik und Geist bedeutet:

(1) »Die Form ist ebenso durch das *Subjekt* oder ICH bestimmt wie durch das *Objekt* oder ES.« (SB1, 91)

und

(2) Die Formen innerer und äußerer Symbole existieren nur kraft einer »Möglichkeit des Denkens«. Denn es gibt »keine Form welche sein könnte, ohne dass der Geist sie denken könnte«. (Ebenda)

Die zweite These scheint das Neue der unpsychologischen Sicht der Logik wieder in Bezug auf Psychisches zu relativieren. Doch das täuscht: Die unabhängige Wahrnehmbarkeit einer logischen Eigenschaft, die keines *besonderen* individuellen Denkaktes für ihr Vorkommen bedarf, gibt ihr einen objektiven Status, der sie zu einem Objekt des Denkens von *beliebig vielen* Personen macht.

Diese Objektivität kann also erklärt werden durch die Rolle, die die konkret-sinnliche Gestalt für mehrere Denkende spielt. Eben das sollte das Beispiel mit dem Satz auf der Tafel zeigen. Wäre die Objektivität der logischen Form nicht erklärbar, könnte sie nicht unabhängig vorhanden und denkbar sein. Dann wäre es eigentlich sinnlos, von einer logischen Form zu sprechen. Die Möglichkeit des Denkens dessen, was für uns objektiv sein kann, der Objekte unseres Erkennens und Denkens, sollte zusammenfallen können mit der Möglichkeit ihrer Darstellung durch die logische Form eines komplexen Symbols, wie es der obige Schluss ist. Dies aber behauptete die erste These.

Erst eine Darstellung, deren Wahrheit allein durch die Beschaffenheit der Darstellung selbst bestimmt ist, wird zum Gegenstand der Logik. Eine solche Darstellung nennt Peirce 1865 *Symbol*. Wenn Symbole weder ihren Objekten ähneln noch willkürlich als ihre Darstellungen festgelegt wurden, wie können sie dann wahrheitsgemäß etwas darstellen? Worin besteht die Natur des Symbols, die seine Wahrheitsfähigkeit bedingt?

Für das Symbol gilt, dass, »wenn es vor den Geist gebracht wird, bestimmte Prinzipien seiner Verwendung – reflektiert oder nicht – per Assoziation unmittelbar die Aktion des Geistes regeln; und diese können als die Gesetze des Symbols selbst betrachtet werden, welche es *als Symbol* nicht überschreiten kann.« (SB1, 101) Das Symbol ist also nur kraft allgemeiner, in Prinzipien formulierbarer Beziehungen gültig, deren Gültigkeitsbedingungen öffentlich wahrnehmbar sein müssen. Es ist in der Lage, geistige Prozesse durch solche allgemeinen Bestimmungen zu regeln. Und zwar so, dass ein Symbol mit der Möglichkeit des Denkens des Objekts, seinem Begriff, übereinstimmt. Die öffentliche Funktion des Symbols legt aber die Beziehung zum Objekt und damit seine Wahrheit fest. Jedes Symbol ist natürlich auch Resultat eines geistigen Prozesses. Es hat also drei Bezüge: auf eine logische Form, auf ein Bewusstsein und auf ein Objekt. »Logik«, schreibt Peirce, »ist objektive Symbolistik«. Deshalb beschreibt er Logik schließlich in einer zweiten verbesserten Definition als »die Wissenschaft von den Beziehungen, welche Symbole instand setzen, sich auf Gegenstände zu beziehen« (SB1, 104; MS 802, 1865).

Wir sehen jetzt, unter welcher Annahme die logische Form den Geist mit den Objekten verbindet. Es zeigt sich, dass die logische Form die Form der Vermittlung ist, durch die objekt- und denkbezogene Bedingungen so zusammenkommen, dass ein wahrheitsfähiges Verstehen gelingt. Das Geistige, das Selbst, das uns unmittelbar gegeben ist, muss nicht an sich selbst und zuerst, vor aller Vermittlung, schon unmittelbar einheitlich logisch beschaffen sein, damit Symbolen eine Bedeutung zukommt. Wir können unsere Logik entwickeln, während wir uns auf Vermittlungsprozesse einlassen; die logische Einheitlichkeit des Denkens ist dabei nicht als gegeben anzunehmen, sondern sie ist vielmehr das Produkt der konkret wirksamen geistigen Aktivität selbst. Die Unterscheidung zwischen einer logisch vermittelten Einheit des Geistes, die auf eine äußere Welt Bezug nimmt, und einer unvermittelten inneren Einheit der Gefühle ist eine weitere Konsequenz dieser »unpsychologischen Sicht« der Logik, wie Peirce bereits 1865 dargelegt hatte:

»Wir finden, daß jedes Urteil einer Konsistenzbedingung unterliegt; man muß seine Elemente unter eine Einheit bringen können. Sofern diese konsistente Einheit allen unseren Urteilen zukommt, kann man sagen, daß sie uns selbst zukommt. [...] Aber die Welt des Selbst, die Welt der Gefühle, enthält keine solche Einheit. Vielmehr enthält jene Einheit die Gefühle. Die Welt der Gefühle ist dann nicht eine Welt des Selbst, sondern eine Welt von Momenten des Selbst. Wir kennen unsere Gefühle unmittelbar; ebenso wissen wir unmittelbar, was vor uns im Raum ist. Aber nichtsdestotrotz unterscheiden wir, was innen ist, von dem, was außen ist, keineswegs unmittelbar. Denn diese Unterscheidung setzt einen Akt des Vergleichens voraus, dessen Ergebnis bekannt sein muß, bevor wir urteilen können, daß das Innere nicht das Äußere ist.« (SB1, 94)

Ich kann hier die These von den zwei Selbsten, dem der Vermittlung und dem der Unmittelbarkeit, nicht diskutieren. Aber wir erkennen: Dies ist die Beschreibung eines aktivitätsbestimmten Modells von Erkenntnis als geistigem Prozess, der die logische Form der Vermittlung – das vermittelte Selbst – an eine Beziehung auf eine räumlich äußere Erfahrungsumgebung und an das Erfassen logischer Formen bindet. Im Prozess des Lernens an der Erfahrung wächst dem Geist von außen her eine Struktur der Vermittlung stetig zu. Aber dem inneren, unmittelbaren Selbst der Empfindungen und Gefühle ist dies fremd und äußerlich.

Die Unterscheidung von innerer und äußerer Welt ist für Peirce eine Bedingung der Gültigkeit der verwendeten logischen Formen. Im nächsten Schritt wird diese Einsicht in eine spekulativ-metaphysische Verstehensperspektive umgesetzt, die eine wichtige Denkmöglichkeit markiert. Das ist möglich, weil Peirce meint, dass die Unterscheidung zwischen innerer und äußerer Welt genau mit der Unterscheidung der beiden Arten der Selbsterkenntnis zusammenfällt: Die unmittelbare Erkenntnis der Gefühlsanteile als innerer Prozesse ist der vermittelten Erkenntnis des Äußeren durch vermittelnde Urteile gegenübergestellt. Der Prozess der Vermittlung ist nur in der Zeit möglich, und in der Zeit sind innere und äußere Welt im Akt der Vermittlung untrennbar und unumkehrbar verbunden. Diese nichtlineare Zeitordnung ist entscheidend für den Begriff des Geistes, von dem der logische Idealismus ausgeht, und wir werden ihre Wirksamkeit in fast allen Kapiteln (explizit allerdings erst im Abschnitt über die *Zeitstruktur des Geistes*, S. 131–132) aufweisen.

Das Innere und das Äußere in unserer Erfahrung bezeichnet Peirce als zwei Welten. Doch diese beiden Welten erschöpfen nicht all das, was aus dem Begriff des Logischen als reiner, aber stets konkret verkörperter Form folgt. Die an konkrete Verkörperung gebundene, aber unabhängige logische Form selbst ist Modell des Geistes und seiner Beziehung zur Wirklichkeit. Dies lässt sich daran erkennen, dass es noch eine dritte Welt neben der inneren und der äußeren gibt, die von jedem geistigen Prozess und von jeder Erfahrung berührt wird. Dafür entwickelt Peirce das folgende Argument:

»Es gibt eine dritte Welt außer der inneren und der äußeren, und alle drei sind koextensiv und enthalten jegliche Erfahrung. Nehmen Sie an, wir machen eine Erfahrung. [...] An erster Stelle ist sie eine Bestimmung eines Objekts außerhalb unser – wir fühlen, daß es sich so verhält, denn sie ist ausgedehnt im Raum. Dadurch ist sie in der äußeren Welt. An zweiter Stelle ist sie eine Bestimmung unserer Seele, sie ist *unsere* Erfahrung; wir fühlen, daß es sich so verhält, denn sie dauert in der Zeit. [...] Nun sage ich, sie kann – und wird sie natürlicherweise – noch anders betrachten, nämlich als eine Bestimmung einer Idee des universalen Geistes, einer präexistenten, archetypischen Idee. Arithmetik, das Gesetz der Zahl, *war*, bevor irgend etwas Zählbares oder irgendein zählender Geist geschaffen wurde. Sie *war*, auch wenn sie nicht *existierte*. Sie war weder eine *Tatsache* noch ein Gedanke, sondern ein unausgesprochenes Wort. Wir empfinden, daß eine Erfahrung eine Bestimmung eines solchen archetypischen LOGOS ist kraft der *Tiefe ihres Tons*/ihrer logischen Intension, und dadurch ist sie in der *logischen Welt*.« (SB1, 95–96)

Diese Behauptung von drei koextensiven Welten – des Innens, Außens und der Logik – ist ein problematisches Ergebnis, das mit den bisherigen Thesen nicht zusammenzupassen scheint. Die so wichtige Bedingung der Verkörperung der logischen Form im materialen Zeichen scheint völlig vergessen und bloße Möglichkeit zu sein: In den Verkörperungen scheint die logische Welt auf. Doch gerade diese Passage macht verständlich, warum ich Peirce einen Idealisten nennen möchte. Hier wird sogar deutlich, dass der junge Peirce einer Variante des platonischen Idealismus anhängt. Denn das Logische wird für ihn zu einer »Bestimmung« eines präexistenten Logos, der in den Symbolen manifest ist. Bei der weiteren Betrachtung der philosophischen Entwicklung Peirces werden wir sehen, dass er sich von dieser Vergegenständlichung des Logischen zu lösen vermag.

Was hier anklingt, ist die philosophische Deutung eines Befundes, der zwar im Vokabular einer ehrwürdigen Tradition vorgetragen wird, aber unabhängig von ihr gemacht wird – eben des unabhängigen und intersubjektiven Charakters des Logischen, den Peirce an die Beobachtung eben des Zeichenverhaltens gebunden hat. Später nennt er dies die Entwicklung »konkreter Vernünftigkeit«. Da es um diese erfahrungsbezogene, also empirische Seite des Logischen geht und Peirce sich des Missverständlichen der Rede vom »präexistenten, archetypischen Logos« bewusst ist, setzt er sich denn auch schon unmittelbar nach der zitierten Passage kritisch von Hegel ab und betont, dass für diesen die Logik eine formale Wissenschaft jener Gesetze der Erfahrung sei, die nur eine Bestimmung der Idee vornehmen könnten. Gleichwohl bleibt unser Bedenken in Kraft: Peirce behauptet die Wirklichkeit eines Logos oder einer logischen Welt, die unabhängig existieren soll – wenn auch als Bestimmung in der Erfahrung.

Dies ist eine der zentralen Thesen des peirceschen Denkens über geistige Prozesse: Jeder geistige Prozess, jede Erfahrung ist, für sich genommen, unbestimmt.[11] Sie wird bestimmt, weil sie gleichzeitig auf drei Momente bezogen ist, wobei das dritte Moment die beiden anderen überformt und »in Beziehung bringt«. Dies ist die innere Ordnung der peirceschen Kategorienlehre, die nicht nur eine Theorie über die elementaren Formen liefert, die allen übrigen logischen und begrifflichen Formen zugrunde liegen, sondern auch eine seiner zentralen Denkfiguren über die Weise, wie Geist eine Verlaufsstruktur in der Erfahrung ausbildet: Zwei Momente, Inneres und Äußeres, stehen in jeder Erfahrung gegeneinander. Das Logische aber ist ein Drittes, das zu ihnen hinzutritt und sie überformt und damit den geistigen Prozess zu einem Ergebnis und Ende bringen kann.

3. Logik und Prozess: Die Entwicklung einer idealistischen Ontologie des Geistes

Die Vermutung, mit der Peirce das Rätsel der Philosophie lösen will, liegt darin, dass die Einheit der Wirklichkeit nur insofern verstanden werden kann, als wir die allgemeinsten logischen Formen verstanden haben – eben die Kategorien. Mit ihnen kann die Welt allererst philosophisch rekonstruiert werden. Doch diese Rekonstruktion geschieht in einem offenen, niemals vollständig abschließbaren Prozess: Der logische Idealismus ist stets auch ein konditionaler Idealismus, der an der Reifung des Wissens und der Bedeutungen orientiert ist. Wir können nur versuchen, mittels der Kategorien die richtige »Logik der Ereignisse« oder die Prozesslogik ausfindig zu machen. Sie ist daran kenntlich, dass sie jene logischen Operationen beschreibt, die Geist und Wirklichkeit auch künftig verlässlich verbinden. Als logischer Idealist nimmt Peirce also an, dass eine philosophische Untersuchung der Wirklichkeit von einer Untersuchung der logischen Formen geistiger Erkenntnis- und Denkprozesse sowie ihrer Objekte ausgeht.

Dreierlei muss der logische Idealismus ausgehend von der Kategorienlehre zueinander in Beziehung setzen und erklären können: einen Begriff des Geistes, der diesem Prozess gemäß ist, eine Theorie der Erkenntnis, die die logische Struktur des offenen Zusammenhangs von Wirklichkeit und Geist berücksichtigt, und schließlich eine Auffassung von Logik, die das Primat der allgemeinen kategorialen Formen einlöst. In diesem Kapitel werden wir uns vor allem mit dem Begriff des Geistes als Prozess besonderer Art beschäftigen. Doch auch bei diesem Thema geht es um die kategoriale Wirklichkeitskonzeption.

Logischer Idealismus:
Die Einheit der Wirklichkeit und die Logik der Prozesse

Die Kategorien charakterisieren die allgemeinen Formen, die Begriffe und logischen Operationen, die wir für das Erkennen von Wirklichkeit benötigen. Doch welche Einheit von Sein und Wirklichkeit wird durch die Kategorienlehre erfasst? Und was hat die Kategorienlehre mit dem logischen Idealismus zu tun?

Beide Fragen lassen sich zusammen beantworten. Der Begriff »logischer Idealismus« beschreibt die veränderte Konzeption des objektiven Idealismus. Immer dann, wenn Peirce seine idealistische Konzeption der Wirklichkeit logisch begründet, wird jene Auffassung von der Einheit der Wirklichkeit sichtbar, die sich auch in den Kategorien ausdrückt: Die Wirklichkeit des Seins ist kein inneres Wesen der Dinge. Die *Einheit* der Wirklichkeit ist vielmehr das, als was sie sich auch erkennen lässt: ein offener Prozess. Das hat einen Vor- und einen Nachteil: Nachteilig ist, dass wir die Einheit eines wirklich offenen Prozesses zu jedem Zeitpunkt nur unvollständig und vorläufig, »in the making«, erkennen können. Von Vorteil ist, dass wir sehr wohl versuchen können, die Form des offenen Prozesses abzuschätzen, an dem wir selbst, als Erfahrungssubjekte, teilnehmen. Was sagt die Sphinx in Emersons Vers? »Ich bin Dein Geist, Leidensgefährte, / Von Deinem Auge bin ich der Blick.« Zu diesem Verhältnis, in dem die Form unserer Erfahrung Teil einer umfassenderen, sich offen entwickelnden Wirklichkeit sein könnte, macht die Kategorienlehre einen Vorschlag. Kategorien charakterisieren, sofern sie richtig sind, die Formen der Positionen, Relationen und Operationen, die in jedem Erkenntnisprozess wirksam sind, der die Wirklichkeit des Seins erfahrbar macht. Die Kategorien bilden dann ihrerseits – das zeigt auch die Wissenschaftsklassifikation im ersten Kapitel – die Grundlage von Logik und Metaphysik. Die vielleicht beste und eindeutigste Formulierung der logisch-idealistischen Sicht, der gemäß die Logik der Prozesse und Ereignisse der Schlüssel zur Einheit des Seins ist, formuliert Peirce 1898:

»Was ist Wirklichkeit? Vielleicht gibt es so etwas überhaupt nicht. Ich habe wiederholt darauf bestanden, daß sie nur eine Retroduktion, eine Arbeitshypothese ist, die wir erproben, unsere einzige verzweifelte verlorene Hoffnung, irgendetwas zu wissen. Wiederum kann es durchaus sein – und es mag ziemlich kühn erscheinen, auf etwas Besseres zu hoffen –, daß die Hypothese, auch wenn sie recht gute Ergebnisse zeitigt, doch nicht völlig dem entspricht, was ist. Doch wenn es irgendeine Wirklichkeit gibt, dann wird, insofern es irgendeine Wirklichkeit gibt, diese Wirklichkeit in Folgendem bestehen: daß es im Wesen der Dinge etwas gibt, was dem Vernunftprozess entspricht, dass die Welt *lebt* und **sich bewegt** und IHR SEIN HAT in einer Logik der Ereignisse.« (NEM, IV, 343–345; deutsch in: DLU, 217 f.)

»Wirklichkeit« ist in Peirces idealistischer Sicht ein offener Prozess, der eine logisch fassbare Einheit zwischen Denken und Wirklichkeit einschließt. Die »Logik der Ereignisse« erschließt sich, wenn wir im Erkennen durch unsere Hoffnung geleitet werden. Durch die Hypothese, dass es eine Wirklichkeit gibt, entsteht in den Erkenntnisprozessen ein sich gegenüber der Zukunft teilweise öffnendes und teilweise schließendes Beziehungsgeflecht. Diese Hoffnung ist nicht nur unabdingbar – d.h. verzweifelt –, sondern sogar vergeblich (»verloren«). Wir wissen, dass wir niemals an das Ende aller erfahrbaren Interpretationen gelangen können. Wir wissen, dass niemals alle Bedeutungen von Vermutungen, Erfahrungen und Kenntnissen tatsächlich

»reif« und damit entscheidbar werden. Die Einheit der Wirklichkeit – als idealer Endzustand – bleibt also nur in einem eingeschränkten Sinne erkennbar: Nur weil die konditional idealisierte Hoffnung auf Wirklichkeit jene Prozesse der Erfahrung und des Denkens offen und in Bewegung hält, ist für uns aus deren Zusammenhang die Logik der Ereignisse erkennbar. *Die* Wirklichkeit *ist* niemals, sie ist immer dabei zu *werden*. Allein durch die logische Form der Prozesse des Werdens, die eine Logik der Ereignisse erfasst, können wir verstehen, worin die Einheit der Wirklichkeit bestehen könnte. Es kann für uns hoffende und handelnde Subjekte deshalb keine abgeschlossene, sondern immer nur vorläufige Darstellungen des Wesens der Dinge geben – selbst dann, wenn die Kategorien angemessen sein sollten.

Wir können aber aufgrund neuer wissenschaftlicher Einsichten immer wieder vermuten, in welcher Gestalt sich die Wirklichkeit des Werdens vollzieht. Eine inhaltliche Vermutung oder Arbeitshypothese über das Werden der Wirklichkeit zu formulieren ist die Aufgabe der evolutionären Metaphysik, die wir im siebten Kapitel diskutieren werden. Hier zunächst soviel: Peirce setzt voraus, dass auch in der Metaphysik der Zusammenhang zwischen dem Erkennen der Wirklichkeit und ihrem Werden gemäß der Einheit der Kategorien hergestellt wird. Insofern die Wirklichkeit als werdende erkennbar ist, kann sie durch die Kategorienlehre strukturiert werden, der zufolge es im sich entwickelnden Kosmos drei den Kategorien entsprechende Elemente gibt. So wird aus der Erstheit das kosmologische Element des Zufalls und des Schöpfungsakts; die Zweitheit aber tritt als der gesetzhafte Zusammenhang und als Kontinuität der materialen Existenz auf. Die Drittheit schließlich ist der Prozess der Evolution selbst, insofern sich aus dem Zufall immer neue, speziellere Naturgesetze herausbilden, die zu einer Konkretisierung der Vernünftigkeit führen.

Die Neutralität subjektiver Bedingungen
für die Herstellbarkeit symbolischer Objektivität

Im letzten Kapitel hatten wir gesehen, dass die Beziehung der in den materialen Zeichen verkörperten Symbole deren Objektivität sichert. Peirces entscheidender Vorschlag enthält aber auch die Vorstellung, dass diese Objektivität nur erreicht werden kann, weil Zeichen die logische Form in ein Beziehungsgeflecht veränderbarer Bezüge in unserer Erfahrung einbetten. Nun ist menschlicher Geist ein Zusammenhang von subjektiven Elementen wie Gefühlen und Stimmungen. Spielen Gefühle und Empfindungen dann noch eine Rolle? Ja, in der Tat. Aber sie werden, allerdings auf eine besondere Weise, objektiv. Das lässt sich zunächst einmal negativ formulieren: Kein isolierbares einzelnes geistiges Ereignis, weder ein Gefühl noch die harte Erfahrung der äußeren Welt oder das Denken, kann für sich genommen bedeutsam und objektiv gültig sein. Denn als geistige Ereignisse reduzieren sie sich, in schierer Gegenwärtigkeit genommen, allesamt auf Gefühle. Letztlich hat, wie Peirce 1868 schreibt,

»kein gegenwärtiger aktueller Gedanke (der ein bloßes Gefühl ist) irgendeine Bedeutung, irgendeinen aktuellen Wert; denn die Bedeutung liegt nicht in dem, was aktual gedacht wird, sondern darin, womit dieser Gedanke, dadurch dass er durch Gedanken, die auf ihn folgen, dargestellt wird, verbunden werden kann; [...] Es gibt in meinem Bewusstseinszustand zu keinem Zeitpunkt eine Erkenntnis oder eine Darstellung, aber es gibt sie in der Relation meiner Bewusstseinszustände zu verschiedenen Zeitpunkten.« (EP1, 42, übers. v. Vf.)

Wenn man nun zwischen der logisch objektiven Geltung eines Gedankens und dem Denkereignis sorgfältig unterscheidet, so kann die Bedeutung keines Gedankens dem Bewusstsein jemals völlig gegenwärtig sein. An dieser Einsicht hält Peirce ein Leben lang fest und schreibt noch 1903: »[...] ein Gedanke kann, da er das Wesen einer Darstellung hat, dem Bewußtsein nicht ›gegenwärtig‹ sein.« Die These von 1868, die besagt, dass sich alles Denken in Zeichen vollzieht, wird hier zum Ausgangspunkt der Unterscheidung zwischen dem gegenwärtigen Bewusstsein eines Denkens und dem Gedankentyp selbst. Weiter heißt es: »Ein Gedanke ist etwas, das vollzogen sein will, und solange er nicht vollzogen wurde, ist seine Bedeutung nicht gegeben, nicht einmal für ihn selbst.« (PLZ, 185) Nicht im gegenwärtigen Bewusstsein eines Augenblicks ist der Gedanke gegeben, sondern nur in der Abfolge der Gedanken im Denk-, Interpretations- und Handlungsprozess zeigt sich seine »reife« Bedeutung und Gültigkeit. Die Bedeutung eines Gedankens ist eine Gewohnheit oder Disposition, wie das Denken verlaufen kann. Nur insofern diese Disposition den geistigen Prozess, die Abfolge der Denkereignisse und Interpretationen, tatsächlich beherrscht, wird sie verwirklicht. Der gesamte Prozess ist aber niemals gegenwärtig bewusst. Dieses Verhältnis zwischen Bewusstsein, dem umfassenderen geistigen Prozess und dem Gedanken veranschaulicht Peirce durch seine Antwort auf die Frage, was es bedeutet, ein Gedicht auswendig zu kennen:

»Ich kenne die ›Elegie, geschrieben auf einen Landkirchhof‹. Doch was heißt das? Das kann ich nur sagen, indem ich sie wiederhole, ich kann sie nicht insgesamt und auf einmal im Geist haben. [...] Doch ist es durchaus wahr, daß ich das Gedicht jetzt in dieser Minute kenne, und meine Kenntnis besteht in nicht mehr und nicht weniger als darin, daß ich es aufsagen kann, wenn ich die Zeit dazu habe. Dies gilt für jeden beliebigen Gedanken, von dem einfachsten bis zu dem Gedankenakt der Schöpfung, der so lange währt, wie sich das Universum entwickelt.« (PLZ, 165)

Das Gedicht bedarf der Verkörperung im gesprochenen Wort, des *faktischen Aufsagens, das sich in der Zeit vollzieht,* damit die konditionale Aussage »Ich kenne dieses Gedicht«, ihre volle, konkrete Bedeutung wahr ist. Die Bedeutung und Gültigkeit – und damit auch die Objektivität – des Denkens und Empfindens wird erst zugänglich, wenn wir den Zusammenhang der Beziehungen und Übergänge unseres Handelns in der Zeit, in der Beziehung zwischen Vergangenheit und Zukunft einbeziehen.

Doch haben wir nicht jeden Ausgangspunkt verloren, wenn kein einzelner Gedanke, keine einzelne Erfahrung, keine Empfindung *jetzt* eine Bedeutung hat? Wie sollen denn Geist und Geistiges als bedeutungsvoll beschreibbar sein, und wann gelingt Objektivität? Sie wären in ihrer bedeutungserzeugenden Funktion nur global, als Einheit von Relationen charakterisierbar, was dann der Fall sein kann, wenn Geist als *zeitlich unumkehrbar strukturierter Prozess* beschrieben wird, der alle Beziehungsmomente miteinander verbindet, die bedeutungsvolles und objektives Denken und Erkennen ermöglichen.

Wir können hier auf diesen Zusammenhang zwischen dem Begriff des Geistes und der Relationenlogik, die Peirces allgemeine, aus der Mathematik stammende Grundlage bildet, nicht genauer eingehen. Ich werde im nächsten Kapitel darstellen, dass Peirce eine solche Logik bereits 1870 in seinen umfangreichen Arbeiten zur Algebra der Relationen entwickelt und dass diese Relationenlogik für die anderen Gebiete der klassischen Logik grundlegend ist: Für die Aussagen- und Prädikatenlogik gilt demnach, dass alle logischen Operationen und Beziehungen allein relational, durch die Anwendung von Relationen auf Relationen, formulierbar sind. Die Verbindung zum Begriff des Geistes, welche durch die unumkehrbare Zeitbeziehung in Interpretationsprozessen das Entstehen von Bedeutung bestimmt, diskutiere ich gegen Ende des Schlusskapitels.

Geist als logischer Prozess

Wir sahen bereits, dass in der logischen Version des objektiven Idealismus Geist nicht als eine beliebige Art von Prozess aufgefasst, sondern durch seine logischen Eigenschaften charakterisiert wird. Mit der Frage »In welchem Sinne ist Geist ein logischer Prozess?« ist nicht irgendein beliebiger Gesichtspunkt gewählt und zum Ausgangspunkt der Darstellung der Philosophie von Peirce gemacht. Vielmehr ergibt sich erst aus dem logischen Idealismus und seiner Konkretisierungsforderung die volle systematische Bedeutung von Peirces semiotischem Begriff des Geistes.

Für eine idealistische Konzeption von Philosophie hängt viel davon ab, auf welche Weise Geist und die besondere Art von Kausalität geistiger Prozesse konzipiert werden. Dass Peirce unter Geist etwas anderes versteht als heutige materialistisch orientierte Philosophen, kann man daran erkennen, dass Geist von ihm als ein Prozess aufgefasst wird, der nicht auf die Ordnung der physikalisch-mechanischen Aktion-Reaktion-Beziehungen reduziert werden kann. »Geist« ist ein Faktor, der die zielgerichtete, normative Entwicklung logischer Prozesse strukturiert und vereinheitlicht. Dies bringt Peirce 1903 zum Ausdruck, indem er das logisch strukturierte Wirken geistiger Prozesse als eine finale Kausalität nach Zwecken auffasst, die sich von den rein dyadischen, zweiheitlichen, mechanischen Abläufen kategorial unterscheidet:

»Die Art und Weise, in der Geist auf Materie wirkt, besteht darin, daß er ihr die Übereinstimmung mit bestimmten besonderen Gesetzen auferlegt, die Zwecke genannt werden, und die Art der Wirkung besteht darin, daß die Zwecke selbst verändert und entwickelt werden, indem man sie ausführt. Die logische Analyse zeigt, daß es wesentlich für die Natur der Darstellung ist, daß sie sich dadurch selbst entwickelt, daß sie der Materie Zwecke auferlegt. Dies ist der großartige logische Prozeß der Deduktion [...].« (PLZ, 168–169)

Deduktion ist ein logischer Prozess. Dass sie Wirkungen auf die materielle Wirklichkeit hat, die gleichzeitig Ausdruck einer finalen Kausalität nach Zwecken ist, charakterisiert Peirces logischen Idealismus. Diese steile These widerspricht den Überzeugungen vieler heutiger Wissenschaftstheoretiker über das Verhältnis von Logik, Zwecken und physikalischer Wirklichkeit. Eine weithin akzeptierte These des frühen Wittgenstein besagt z.B., dass die formale Logik nur aus Tautologien besteht. Wenn aber deduktive Schlüsse zweckbestimmt sein müssen, wenn die ganze Logik ethische Voraussetzungen hat, dann kann die formale Logik nicht nur aus Tautologien bestehen, oder aber sie ist nicht mehr als eine formale Theorie des schlussfolgernden Denkens. Weiterhin schließt die These, dass es eine materiell wirksame, logisch bestimmte finale Kausalität[12] gibt, den heute verbreiteten naturalistischen Begriff des Geistes und die meisten Varianten der Identitätstheorie aus, die geistige und physikalische Prozesse miteinander identifizieren.

Peirce hat stets betont, dass Logik zwar auch, aber nicht nur die Theorie des Denkens ist. Wenn sie sich mit dem Denken beschäftigt, dann gewinnt sie den normativen Sinn, um den es Peirce 1903 ging. Noch eindeutiger beschreibt Peirce die normative Seite der Logik 1905:

»Die Logik ist, wenn man sie von einem lehrreichen, wenn auch partiellen und engen Gesichtspunkt aus betrachtet, die Theorie des planvollen Denkens. Zu sagen, irgendein Denken sei planvoll, impliziert, daß es mit der Absicht kontrolliert wurde, mit einem Zweck oder einem Ideal übereinzustimmen. Es wird allgemein anerkannt, daß das Denken eine aktive Operation ist. Folglich ist die Kontrolle des Denkens mit der Absicht, es mit einem Standard oder einem Ideal in Übereinstimmung zu bringen, ein Spezialfall der Kontrolle von Handlung.« (SB2, 316)

Die Auffassung, dass Geist ein Darstellungsvorgang, nämlich ein final ausgerichteter, normativ kontrollierter logischer Prozess ist, hat wichtige Konsequenzen. So werden die Semiotik und die Logik zu philosophischen Theorien, die wichtige Argumentationsschritte des philosophischen Programms des »logischen Idealismus« erbringen können: »Sie sollen den Zusammenhang von Geist und Wirklichkeit anhand der kategorialen Formen aller Darstellung und Erkenntnis auf der Ebene der logischen Relationsformen des Denkens (auch der deduktiven Argumente, Schlüsse, Ableitungen) darstellen.« (Ebenda)

Peirces These, dass Geist primär ein Prozess ist, bestreitet nicht, dass es einzelne Gedanken und Vorstellungen gibt, sondern behauptet, dass die übergreifenden Struktur- und Ordnungseigenschaften der Prozesse primär sind. Als zwei singuläre geistige Ereignisse betrachtet, müssten zwei Gedanken strikt voneinander getrennt und individuell aufweisbar sein (wenn so etwas überhaupt möglich ist): Zwei Gedanken qua Ereignisse können nicht gleich sein, sonst wären sie nicht *zwei* getrennte Ereignisse. Doch können sie sehr wohl denselben Gedankeninhalt – dasselbe Symbol – ausdrücken. In diesem Fall hängen sie also nur deshalb zusammen, weil sie vom Verstand in einem dritten Gedanken zusammengebracht werden. Wenn Wahrnehmung und Denken nur aus einzelnen, subjektiv geprägten Vorstellungen bestehen, muss jedes Urteil (oder jede Proposition) die Gestalt einer individuellen Vorstellung oder Folge von Vorstellungen annehmen können.

Wie würden eine Philosophie des Geistes und eine Erkenntnistheorie aussehen, die von der Annahme ausgehen, dass es keine individuellen geistigen Ereignisse (als ontologische Elemente) gibt? Eine solche Theorie müsste zeigen können, dass es einen in irgendeinem Sinne elementareren Zusammenhang geistiger Ereignisse gibt, der geistige Ereignisse erklärbar macht. Aus diesem Primat des geistigen Zusammenhangs würde dann folgen, dass das, was uns als ein einzelner Gedanke, z.B. als

erscheint, vielmehr eine Abstraktion eines komplexen, tief ge-
schichteten logischen Zusammenhangs zwischen geistigen Prozessen ist. Ein zur atomistischen Descartes-Hume-Tradition al-
ternatives Konzept des Geistes wird mithin, in welcher Form
auch immer, den Zusammenhang von logischen Prozessen pri-
vilegieren und mit ihm das Verhältnis von einzelner Erfahrung
und Geist. Sie wird eine Erklärung geistiger Ereignisse versuchen und deshalb in der Logik den logischen Operationen den
Vorrang gegenüber der logischen Funktion von Aussagen und
Begriffen geben, so dass diesen eine logische Funktion nur im ab-
geleiteten Sinne zukommt. Der Vollzug der unser Denken struk-
turierenden logischen Operationen lässt sich sprachlich angemessen dann nur durch Argumente darstellen. Entsprechend
behauptet Peirce, dass im strengen Sinne nur Argumente echte
Teile logischer Prozesse und des Denkens sind:

»[...] die traditionelle Auffassung [ist], dass eine Aussage aus Namen und
ein Argument aus Aussagen zusammengesetzt wird. [...] Doch [...] wird
ein Argument ebensowenig aus Aussagen zusammengesetzt, wie eine Bewegung durch Positionen zusammengesetzt wird. Sie so zu verstehen heißt
ihr wahres Wesen zu vernachlässigen. [...] Genauso wie es strenggenom-
men richtig ist zu sagen, daß niemand jemals an einer genauen Position
ist [...], ebenso kann auch das Denken (es geht mir hier nicht um Psychologie, sondern um Logik oder das Wesen der Semiotik) sich seiner Natur
nach nicht in Ruhe befinden oder irgend etwas anderes sein als ein Prozeß des Schlussfolgerns. Und Aussagen sind entweder in Annäherung be-
schriebene Zustände der Denkbewegung *(Thought-motion)* oder künstliche
Schöpfungen, welche die Beschreibung der Denkbewegung ermöglichen
sollen, und Namen sind Schöpfungen zweiter Ordnung, die dazu dienen,
die Darstellung von Aussagen zu ermöglichen.« (MS 295, 1906; deutsch
in: SB 3, 190 f., Anm. 37)

Die einzig echten Teile eines Arguments sind demnach selbst wieder Argumente. Dies ist Peirces prozesslogischer Holismus. Denn insofern Argumente die Form eines logischen Prozesses haben, besitzt nur die vollständige logische Relation zwischen ihren Teilen eine prozesshafte Einheit.

Die Prozessthese des Geistes erweist sich als eine Anwendung des Gebots der ersten Regel der Logik (siehe Einleitung, S. 9), der zufolge es keine positiv angebbare Grenze für Erklärbarkeit gibt, auf den Begriff des Geistes. Es gibt keine elementare Form des Bewusstseins, keine Bewusstseinsatome, keine geistigen Ereignisse oder Ideen, die für etwas anderes stehen als für die Einheit des Geistes unter den Bedingungen seines Funktionierens. Die Sicht des Geistes als logischer Prozess kommt ohne die Annahme letzter Teile in der Beziehung zwischen geistigen Vorgängen und Prozessen aus. Die psychologische Version dieser Auffassung des Geistes hat Peirces Freund und Mitstreiter William James in der Theorie des Bewusstseinsstroms *(stream of consciousness)* entwickelt.[13]

Auf den ersten Blick ist diese Sichtweise des Geistes offensichtlich falsch. Es kann schließlich nicht geleugnet werden, dass wir manches als singulär und unerklärlich erfahren, ja dass wir auch unsere Träume, Überlegungen und Einfälle als einzelne, lokalisierbare Ereignisse erfahren. Außerdem ist unsere Erfahrung der Einheit der logischen Prozesse im Denken meist unvollkommen und drückt sich nur selten in explizit bewussten Argumenten und Schlussfolgerungen aus. Im Gegenteil: Selbst ein explizites Argument stellt die Denkbewegung nur annähernd dar. Wir können die Denkbewegung nicht unmittelbar erfahren. Denn »wir haben keine direkten Mittel, um festzustellen, was uns während einer Bewegung unserer Gedanken bewusst war. Es sind nur die Ruheplätze des Denkens, die auf das Gedächtnis einwirken.« (SB1, 424) Solcherlei Ruheplätze werden durch Bilder, Begriffe und Aussagen verkörpert. Wenn wir Aussagen bestenfalls im Argument verknüpfen, so ist auch das nur eine Annäherung an die logische Kontinuität des Denkens. Sie hat aber einen entscheidenden Vorzug, weil sie die Form des logischen Prozesses anhand der logischen Beziehung darstellt, in der die Aussagen zueinander stehen.

Argumente sind nicht nur formal autonom, d.h. sie verfügen über eine spezifische Form von Einheit, die sich nicht aus einer anderen Sorte von Entitäten zusammensetzen lässt. Diese Art von systematischer Einheit ist auch für die logische Form des Arguments in der Sprache oder im Denken bestimmend. Dabei gilt, dass die Form des Prozesses die Zusammensetzung beherrscht und die logischen Eigenschaften aller unterscheidbaren Teile bedingt. Kurzum, wir können, legen wir die Prozessthese zugrunde, Aussagen als verkürzte Darstellungen von Schlussprozessen und Begriffe oder Namen als verkürzte Darstellungen von Aussagen oder zweifach verkürzte Darstellungen von Schlüssen analysieren, weil eben nur logische Prozesse elementar sind.

Welche Bedingungen müssen erfüllt sein, damit wir sagen können, dass ein Gedanke tatsächlich vollzogen worden ist? Welche unverzichtbaren Elemente müssen gegeben sein, damit wir von einem vollständigen Vollzug eines Gedankens sprechen können? Wenn ich z.B. denke: (1) »Hier ist es warm heute«. Was macht meine Fähigkeit zur Artikulation dieses Gedankens aus?

Mit der Prozessthese und der Annahme des Vollzugscharakters der Bedeutung können wir bisher auf diese Frage nur antworten: Die Prozesshaftigkeit des Vollzugs der Gedanken bringt es mit sich, dass der Bezug auf eine offene Zukunft für die Bedeutung eines Denkereignisses, das ich *jetzt* habe, konstitutiv ist. Nicht nur im Beispiel des auswendig gelernten Gedichtes, sondern auch im Fall des Denkens der in (1) enthaltenen Proposition, bedeutet das: Das Überzeugtsein von einem Gedanken besteht in der Verknüpfung einer Folge von semiotischen Elementen – den Denkereignissen –, die gemäß einer übergeordneten Relation in eine zeitliche Ordnung von Vergangenheit, Gegenwart und Zukunft gebracht werden.

Peirces Beispiel der »Elegie« gibt einen Hinweis, der eine alltägliche Veranschaulichung der Prozessthese liefert. Es bedarf besonderer Anforderungen an die Struktur der Zeit, damit geistige und andere logische Prozesse gedankliche Inhalte darstellen können. Für die ontologische Elementarität geistiger Prozesse ist dabei nicht nur die zeitliche Erstreckung, sondern der Bezug auf eine nicht abgeschlossene Zukunft erforderlich, die jene Folge von Denkschritten wesentlich enthalten *könnte*, die der Gedanke vorschreibt. Ohne die Entwicklung in einer Folge von Schritten in der Zeit ist uns die Bedeutung nicht bekannt. Einen Gedanken zu kennen, ein Gedicht auswendig zu wissen, eine Melodie spielen zu können, all dies sind Gewohnheiten, deren besondere Art von Wirklichkeit in der Möglichkeit besteht, eine offene Zukunft so zu gestalten, dass es dann jeweils gegenwärtig der Fall ist, dass ich ein bestimmtes Gedankenereignis denke, auf das ein bestimmtes anderes wird folgen müssen. Wenn ich ein bestimmtes Wort der »Elegie« sage, so muss darauf ein bestimmtes anderes Wort folgen usw. – oder aber ich weiß die »Elegie« eben doch nicht auswendig. Dieses wäre also eine zeitlogische Bedingung für den Vollzug eines Gedankens.

Eine weitere Unklarheit dieses Konzepts bleibt aber noch bestehen, die wir jetzt ausräumen wollen. Wir könnten nämlich fragen: Ist es der *tatsächliche* Vollzug bestimmter Denkereignisse, der die Bedeutung des Gedankens ausmacht, oder ist es die *Möglichkeit*, dass unter bestimmten Bedingungen einzelne Denkereignisse hätten vollzogen werden können? Eine Antwort auf diese Frage und eine Präzisierung des Verhältnisses von Gedanken und Denkereignis können wir einer Veranschaulichung dieser

Beziehung entnehmen, die Peirce im Jahre 1906 vorgeschlagen hat. Sie wird auch einige unserer bisherigen Ergebnisse zusammenfassen. Wir können deshalb mit ihr die Reihe der Annäherungen an die Basis der peirceschen Prozessthese abschließen. Peirce argumentiert hier, dass die zukünftige Bedeutung eines Gedankens oder einer Aussage, ihr *esse in futuro*, das *Würde-sein* oder das *Wäre-gewesen* eines Gedankens, ein Bestandteil jedes Denkprozesses ist, der diesen Gedanken darstellt – selbst dann, wenn sie nicht verwirklicht wird oder werden kann:

»Stellen wir uns vor, daß ein Mensch mitten in einer mathematischen Untersuchung, gerade in dem Moment, als ihm eine erhellende Einsicht kommt, an einen stromführenden Draht stößt und sein Leben augenblicklich erlischt. Diese seine letzte Idee ist sicher unvollendet, denn was ist ein Gedanke, der nicht auf andere Gedanken führt? Die ganz wesentliche Form des Gedankens, seine Idee und sein Zweck, liegt darin, daß er eine Denkgewohnheit *(habit of thought)* bestimmt (wenn nicht auch ebenso eine Gewohnheit des Verhaltens, wie wir Pragmatisten meinen). Doch was ist eine Gewohnheit, die in ihrem allerersten Beginn durch einen plötzlichen Tod unterbrochen wird? Ich bin weit davon entfernt zu behaupten, daß sie ganz und gar nichts wäre: Sie ist ein *Wäre-gewesen*, dessen Realität eine vernünftige Logik nicht leugnen kann. Wenn jemand nur ein einziges, unverwechselbares Beispiel für den Fall eines Denkens ohne Gewohnheit oder andere wirkliche oder mögliche Konsequenzen beibringen könnte, so würde dies hinreichen, um meine Theorie, daß Gedanken und Denkereignisse wesentlich Zeichen sind, zu Fall zu bringen.« (SB3, 84; MS 292, 1906)

Das Bestehen einer realen Möglichkeit zu einem bestimmten Zeitpunkt ist stark genug, um das Problem zu lösen. Wenn wir davon ausgehen, dass es Möglichkeiten in diesem starken Sinne gibt, so ist die Abhängigkeit von dem faktischen Vollzug eines Gedankens in der Zukunft aufgehoben. Die Bedeutung eines objektiv gültigen Gedankens oder einer Erkenntnis hängt dann nicht mehr an dem faktischen Vollzug von Denk- oder Erkenntnisepisoden.

Gleichwohl handelt es sich weiterhin um eine mögliche Bedeutung. Die Möglichkeit von Denkereignissen, das *Wäre-gewesen* eines Denkens oder Erkennens, erlaubt es uns, den nicht interpretierten Gedanken als Darstellung zu bezeichnen, weil er eine mögliche Bedeutung hat. Das ist aber nichts anderes als die kontrafaktische Behauptung, dass wir, könnten wir diesen Gedanken denken, jene Denkgewohnheit ausbilden würden, in der die Bedeutung des Gedankens vollzogen wird.

Dieser Vorschlag, die Realität der Möglichkeiten ernst zu nehmen, löst ein zentrales Problem der peirceschen Erkenntnistheorie. Es geht dabei um das Problem der »buried secrets«, der verborgenen Geheimnisse.[14] Nach Peirces Sicht von Erkenntnis und Wissenschaft besteht die Wirklichkeit der Objekte und die Wahrheit der Aussagen über sie darin, dass die Forschung auf lange Sicht eine Antwort auf alle Fragen über sie herausfinden wird: dann nämlich, wenn die Untersuchung durch die Forschung nur weit genug geführt werden würde. Die Wirklichkeit aller Gegenstände unserer Fragen und Probleme besteht in jener letzten Meinung, zu der z.B. eine unbegrenzte Gemeinschaft der Prüfenden und Forschenden auf lange Sicht gelangen könnte. Dies ist der Idealfall: Nachdem alle nur möglichen Forschungsanstrengungen abgeschlossen sind, würde die Wahrheit alle wirklichen Objekte darstellen. Doch was ist dann mit all jenen Fragen, die Zusammenhänge und Dinge betreffen, deren Spuren durch keine noch so große Forschungsanstrengung aufzuklären wären? Sind solche Sachverhalte und Dinge demnach insgesamt irreal und Aussagen über sie weder wahr noch falsch? Auf ein solches auf ewig verborgenes Geheimnis zielt wahrscheinlich die Frage, ob sich Alexander der Große am Tag seines dreißigsten Geburtstages zweimal am Kopf kratzte oder nicht. Legen wir die starke Interpretation von Möglichkeiten zugrunde, die wir soeben entwickelt haben, so kann man sagen, dass es die reale Möglichkeit gibt, dass Alexander sich kratzte oder nicht. Diese Behauptung der realen Möglichkeit ist unabhängig davon, ob wir letztlich herausfinden werden, ob es sich so verhält oder nicht. Und das ist ja nicht ausgeschlossen.

4. Von der Erkenntnistheorie zur Logik der Relationen

Die Konzeption des Geistes als logischer Prozess bildet sich bereits im Denken des jungen Peirce heraus. Im letzten Kapitel haben wir gesehen, wie sich aus der Prozessthese erkenntnis- und wirklichkeitstheoretische Fragestellungen ergeben: Wie ist Erkenntnis ohne ein fixes Fundament begründbar? Welche begriffliche Position kann die Wirklichkeit der Gegenstände haben, die von unserem Denken unabhängig sind? Diese erkenntnistheoretischen Fragen werden wir teilweise weiterführen. Wir werden aber nur jene Thesen der peirceschen Erkenntnis- und Wissenschaftstheorie über die Struktur der Erfahrung, den Status von Wahrnehmungen und die Rolle wissenschaftlicher Methoden und Ziele der Wissenschaft näher betrachten, die für das Verständnis der Prozessthese erforderlich sind.

Die neue Erkenntnis- und Rationalitätstheorie und die Sicht des Geistes als Prozess

In den frühen Arbeiten zur Erkenntnistheorie der Jahre 1867 und 1868 werden bereits einige der erkenntnistheoretischen Konsequenzen der Sicht des Geistes als logischer Prozess entwickelt. In dem berühmten Aufsatz *Einige Konsequenzen aus vier Unvermögen* von 1868 zieht Peirce einige wichtige Schlüsse aus der 1865 vertretenen These, dass nur die Struktur des Prozesses den in der

Zeit ausgedehnten Empfindungen eine Form gibt. Dies gilt auch für die Bedeutung, die es hat, dass etwas zu einem Objekt für mich wird oder dass ein Gegenstand auf objektiv gültige Weise erkannt werden kann. Wenn es aber nur auf die prozessurale Struktur der Denk- und Erfahrungsprozesse ankommt, so folgt, dass keiner gegenwärtigen Erfahrung eines Gedankens per se eine Bedeutung zukommen kann:

»Es gibt in meinem Bewusstseinszustand zu keinem Zeitpunkt eine Erkenntnis oder eine Darstellung, aber es gibt sie in der Relation meiner Bewusstseinszustände zu verschiedenen Zeitpunkten. Kurzum, das Unmittelbare (und das daher an sich nicht zu vermittelnde – das Nichtanalysierbare, das Unerklärbare, das Nicht-Intellektuelle) fließt in kontinuierlichem Strom durch unser Leben; es ist die Gesamtheit unseres Bewusstseins, dessen Vermittlung, die seine Kontinuität ist, durch eine reale wirksame Kraft zustande gebracht wird, die hinter dem Bewusstsein steht.« (EP1, 42, übers. v. Vf.)

Die meisten Probleme, die eine theoretische Konzeption der Unmittelbarkeit des »kontinuierlichen Stroms« von Empfindungen im Bewusstsein mit sich bringt, können wir beiseite lassen. Wichtig ist: Peirce formuliert hier explizit eine Ergänzung zur Prozessthese. Der erkenntnistheoretisch und logisch grundlegende geistige Prozess, das unmittelbare Empfinden, bildet einen relationalen Zusammenhang hinter dem Bewusstsein von einzelnen Erkenntnissen, Gedanken oder Begriffen aus – ohne in irgendeiner Weise deren Anspruch auf Erkenntnis oder Wahrheit zu begründen. Der vorbewusste Prozess des unmittelbaren Empfindens umfängt und verklammert jedoch, weil er nicht bewusst werden kann, den bewusst kontrollierbaren Aufbau von Bewusstsein, Gedanken und Erkenntnis: Das *Vor*logische und *Vor- und Un*bewusste der Empfindungen und Gefühle ist wegen seiner relationalen Eigenschaften nicht *anti*logisch, sondern vielmehr direkt formal beschreibbar, ohne dass es einer Sprachlogik bedarf. Dies ist der erkenntnistheoretisch konstruktive Beitrag des Elements unmittelbarer Empfindung. Sie bildet die logisch neutrale, aber allgegenwärtige und verbindende mentale Beziehungsform und dient so als Ermöglichungsbedingung von Denken und Erkenntnis, die durch die Kategorie der Erstheit kategorial bestimmt wird. Dies ist der eigentlich bemerkenswerte Vorschlag, ja die Revolution, die Peirces Erkenntnistheorie auszeichnet: Der zur Tradition alternative Vorschlag der Rationalitätsauffassung der Kategorienlehre – er liegt dem logischen Idealismus und der Prozessthese zugrunde – besteht eben darin, alle logischen Relationen des Denkens und Erkennens an logisch neutrale, vorlogische Relationen zu binden, die immer unmittelbar aufweisbar sind.

Die logische Neutralität des gegenwärtigen Empfindungselements im Bewusstsein hat eine wichtige Konsequenz für das Bild des Geistes. Sie macht Gefühle und Empfindungen zu etwas, das für wissenschaftliche Beobachtung und individuelle Erfahrung ungreifbar ist, weil sie ihr stets vorausliegt. Denn »wenn wir unter *Psychologie* die positive oder beobachtende Wissenschaft vom Geist oder dem Bewusstsein verstehen, so kann sie, obgleich das gesamte Bewusstsein in jedem Augenblick nichts anderes als Empfindung ist, uns nichts über die Natur der Empfindung *(feeling)* lehren.« (CP 1.310, 1907; übers. v. Vf.) Die unmittelbare Gegenwärtigkeit von Empfindungen ist zwar die neutrale Bedingung von Denken und Bewusstsein, aber für sich genommen enthält sie keinerlei Bewusstsein. Sie ist, streng zeitlich betrachtet, zunächst ein Element »der Diskontinuität im aktualen Zeitpunkt« (NZ, 290). Der Grund dafür ist die Zeitstruktur des prozessuralen Bewusstseins, die wir bereits erwähnt haben. Ein Bewusstsein der Empfindung eines gegenwärtigen Augenblicks kann sich nur im jeweils nächsten Augenblick einstellen, und dann ist *diese* Gegenwart bereits Vergangenheit geworden. Deshalb wird unsere Frage, »worin der Inhalt des gegenwärtigen Augenblicks bestanden hat, immer zu spät kommen. Das Gegenwärtige ist vergangen und was davon bleibt, ist weitgehend umgeformt.« (CP 1.310; übers. v. Vf.)[15] Erkenntnis im vollen Sinne stellt sich erst ein, wenn wir in Beziehungen denken und sich ein geistiger Prozess vollzieht. Das prozesshafte Bewusstsein bewahrt nur die allgemeine erstheitliche Rolle des gegenwärtigen Empfindens, z.B. durch Urteile über die Qualität der Empfindung. Die uns bewusste Qualität bezeichnet nur ihre vom Erfahrungsprozess abhängige Vergleichbarkeit mit anderen Erfahrungen von Empfindungsqualitäten und kennzeichnet sie nicht in ihrer Gegenwärtigkeit.

Die Prozessthese kann nun, um die Ermöglichungsbedingung durch das allgegenwärtige Empfindungselement ergänzt, in dieser Form für den ganzen Geist gelten: Sie ist jene logische Struktur, die unabhängig vom Bewusstsein auch den vorlogischen Zusammenhang unmittelbarer Empfindungen in unserem Geist einbezieht. In keinem einzelnen von mir gegenwärtig bewusst empfundenen Gedanken aber liegt dessen Bedeutung unmittelbar zutage. Sie besteht stets nur in der Beziehung zu anderen Gedanken, die diesen Gedanken interpretieren. Folglich wächst mit jeder hinzugefügten Interpretation die Bedeutung des interpretierten Gedankens. Diese bewusstseinsevolutionäre Sicht von Begriffen hat ihre Vorzüge. Denn Peirce kann nun behaupten, dass Begriffe stets über das Unmittelbare hinausgreifen und unser Bewusstsein von Begriffen stets auf das Erkennen von Relationen angewiesen ist. Dadurch wird auch erklärbar, dass diese Begriffe durch interpretative Umformungen oder einfache Hinzufügung ein Mehr an Gehalt gewinnen.

Welche philosophische, insbesondere erkenntnistheoretische Konzeption macht diese Betonung des Unmittelbaren, Unerklärbaren und Nicht-Intellektuellen als Kraft hinter dem Bewusstsein erforderlich, welche die Vermittlung und Abfolge der Gedanken im Bewusstsein stützen soll? Eine Antwort ist, dass hier ein Nachfolger für die Konzeption der Abhängigkeitsbeziehung von einem »Noumenon« *(influxal dependency)* im Erkenntnisvorgang vorgelegt wird. Dieses Bild der Abhängigkeit von einer unbeeinflussbaren Größe hatte Peirce 1859 konzipiert. Der philosophische Fortschritt des Aufsatzes von 1868 besteht darin, dass er eine Hypothese über die logisch wirksame Abhängigkeit geistiger Prozesse von einer Kraft »hinter dem Bewusstsein« formuliert: Die Allgegenwart des unmittelbar gegenwärtigen Empfindungselements erklärt die Möglichkeit eines vorlogischen Zusammenhangs. Dieser kann dann durch logische Prozesse spezifisch überformt werden, ohne dass er jemals aufzuheben ist: Der zeitliche, aber logisch neutrale Zusammenhang der Empfindungen ermöglicht dadurch eine grundlegende Kontinuität auch der Vermittlung bewusster Zustände und Gedanken.

Welche Folgen hat die erkenntnistheoretische und logische Neutralität der Empfindungsqualitäten für die Erkenntnistheorie? Peirce will zeigen, dass jede Begründung der Gültigkeit von Denken und Erkennen durch ein vorrelationales Fundament – ob in intellektuellen Evidenzerlebnissen oder in empirisch relevanten Wahrnehmungen – ausgeschlossen ist. 1868, in dem zentralen Aufsatz *Fragen hinsichtlich bestimmter Vermögen, die für den Menschen in Anspruch genommen werden*, ist die Entwicklung einer logischen Theorie geistiger Prozesse insofern weiter gereift, als Peirce sich über seine Frontstellung gegenüber der cartesianischen Auffassung von Geist und Erkenntnis im Klaren ist. Er bezeichnet die strittigen Punkte, indem er sieben Fragen formuliert, die zentrale Positionen der traditionellen Erkenntnistheorie und Theorie des Geistes hinterfragen. Diese sieben Fragen sind zugleich ein Angriff auf eine Erkenntnistheorie, die glaubt, ohne die Explikation der impliziten relationalen Struktur der Erkenntnisprozesse auskommen zu können. Sie lauten:

»1. Ob es einen Fall gibt, in dem wir durch die einfache Betrachtung einer Erkenntnis – unabhängig von jeder vorhergehenden Erkenntnis, die wir über diese Sache haben mögen, und ohne Schlussfolgerungen aus Zeichen – imstande sind zu behaupten, dass jene Erkenntnis nicht von einer vorhergehenden Erkenntnis bestimmt wurde, sondern sich unmittelbar auf ihr Objekt bezieht?« (EP1, 11)

Die unmittelbare und vorrelationale Erkenntnis eines Objekts wird im Folgenden als »Intuition« bzw. als »intuitiv« bezeichnet.

»2. Ob wir ein intuitives Selbstbewusstsein haben?« (EP1, 18)
»3. Ob wir ein intuitives Vermögen besitzen, zwischen den subjektiven Elementen verschiedener Arten von Erkenntnissen *(cognitions)* zu unterscheiden?« (EP1, 21)
»4. Ob wir irgendein Vermögen der Introspektion haben oder ob unser gesamtes Wissen über die innere Welt aus der Beobachtung äußerer Tatsachen abgeleitet ist?« (EP1, 22)
»5. Ob wir ohne Zeichen denken können?« (EP1, 23)
»6. Ob ein Zeichen irgendeine Bedeutung besitzen kann, wenn es aufgrund seiner Definition das Zeichen von etwas absolut Unerkennbarem ist?« (EP1, 24)
»7. Ob es irgendeine Erkenntnis gibt, die nicht durch eine vorgegangene Erkenntnis bestimmt ist?« (EP1, 25; alle übers. v. Vf.)

Diese sieben Fragen werden alle verneint. Wenn man genauer auf ihre Formulierung achtet, so stellt man fest, dass die ersten vier Fragen Varianten der Frage sind, ob es geistige Prozesse geben kann, die Wissen ergeben und trotzdem den logischen Prozessen der Vermittlung durch symbolische Darstellungen entzogen sind. Peirce verneint dies jeweils mit je unterschiedlichen Argumenten, geht jedoch stets von der These aus: Bedeutung stellt sich

nur im zeitlich ausgedehnten Prozess der Entwicklung, Verkörperung und Entfaltung von Zeichen und ihren Interpretationen
ein. Frage 5 macht also die in 1 bis 4 unterstellte Unabhängigkeit
des Intuitiven vom Symbolischen explizit. Ein Vermögen, auf andere Weise als durch logische Beziehungen vermittelt Wissen zu
produzieren, würde die Fähigkeit voraussetzen, ohne Zeichen zu
denken. Der nächste Schritt wird dann in den Fragen 6 und 7 vollzogen. Es geht darum, ob ein Zeichen oder das bezeichnete Objekt dem Relationszusammenhang, in dem sich alle Erkenntnis
vollzieht, völlig entzogen und unabhängig sein kann. Ein uner-
kennbares Objekt bezeichnen zu können oder ein Zeichen los-
gelöst von allen Interpretationen oder Begründungen verstehen
zu können wären solche Unabhängigkeiten. Hatte Peirce noch
in der Harvard-Vorlesung von 1865 nur die Symbole als Gegenstand der Logik bezeichnet, so spricht er in der sechsten und siebten Frage jetzt allgemein von Zeichen.

In einem zweiten Aufsatz *Einige Konsequenzen aus vier Unvermögen* tritt Peirce in den konstruktiven Teil seiner Untersuchung ein. Er antwortet hier auf seine sieben Fragen mit vier
Thesen:

»1. Wir verfügen über kein Vermögen der Introspektion, sondern alles
Wissen über die innere Welt wird durch hypothetisches Schließen aus unserem Wissen über äußere Tatsachen abgeleitet.
2. Wir verfügen über kein Vermögen der Intuition, sondern jede Erkenntnis ist logisch durch vorhergehende Erkenntnisse bestimmt.
3. Wir verfügen über kein Vermögen, ohne Zeichen zu denken.
4. Wir verfügen über keinen Begriff von etwas absolut Unerkennbarem.«
(EP1, 30; übers. v. Vf.; CP 5.265)

Damit ist Peirce über eine vage Analogie zwischen logischer Form
und geistigen Prozessen, über einfach unterstellte Vermittlungs-
verhältnisse, die eine logische Welt zwischen der inneren und der

äußeren Welt stiften, hinaus. Die Logik (insbesondere die Semiotik) wird nur zur Analyse der Struktur von Erfahrungsprozessen herangezogen und zur theoretischen Grundlage der Erkenntnistheorie. Einen früheren Entwurf der *Fragen hinsichtlich bestimmter Vermögen* leitet Peirce deshalb mit der Überlegung ein, dass Logik nur als formale Wissenschaft exakt sei, sich aber schon aufgrund ihrer Definition mit dem Status der Wirklichkeit beschäftigen müsse. Zwar hatte er, wie wir gesehen haben, in der Havard-Vorlesung von 1865 Logik als jene Wissenschaft definiert, die von den Bedingungen der Beziehung der Symbole auf Gegenstände handelt. Doch die Symbole selbst waren dort jene Darstellungen, die aufgrund ihrer eigenen Natur wahr sein können. Beschäftigt sich Peirce 1868 mit der Beschaffenheit der Wirklichkeit, so geht es nun darum zu untersuchen, »wie und was wir denken« (SB1, 160). Und »denken« heißt hier, etwas an der Wirklichkeit auf objektiv verlässliche Weise aufgrund seiner logischen Form erkennen zu können.

Peirces Fragestellung geht auf eine von Kant stammende Verknüpfung, wenn nicht Gleichsetzung zurück, die Erkenntnis- und Erfahrungsbedingungen mit den Weisen, wie Objekte als wirklich ausgezeichnet werden, verbindet. Dies ist eine Gleichsetzung, die heute nicht selbstverständlich einleuchtet. Durch diese Gleichsetzung wird aber z.B. verständlich, warum der endgültige Titel des Aufsatzes von 1868 nicht wie der Entwurf *Fragen zur Realität* (deutsch in: SB1, 160–187) lautet, sondern *Fragen hinsichtlich bestimmter Vermögen, die man für den Menschen in Anspruch nimmt*. Wie hat sich Peirces Logik entwickelt, dass er sich der Frage nach der erkenntnistheoretischen Seite seines Logikmodells zuwandte?

Der Widerspruch zwischen der Gültigkeit einer intuitiv richtigen Erkenntnis und der logischen Form des Geistes

Eine Klärung und Verbesserung von Erkenntnisprozessen durch ihre logische Form ist ausgeschlossen, wenn es unbezweifelbar gültige, intuitive Erkenntnisse gibt, die unabhängig von den logischen Erfordernissen der symbolischen Form bereits Erkenntnisse sind. Die Möglichkeit intuitiven Erkennens muss ausgeschlossen werden können, wenn die logische Sicht des Geistes und der logischen Form der Beziehung zur Wirklichkeit als philosophischer Erklärungsansatz in Betracht kommt.

Peirce erklärt die Natur der Symbole so, dass sie als Prinzipien jene Abläufe im Geist regeln, die zur Wahrheit führen, ohne dass dabei über die Objekte selbst nachgedacht werden müsste. (SB1, 101) Doch andererseits sollen diese Prinzipien unmittelbar auf den Geist wirken. Setzt aber die implizite Wirksamkeit von Prinzipien nicht – in irgendeinem Sinn – die Möglichkeit eines intuitiven Wissens um ihre Richtigkeit voraus? Peirce gerät hier in die Nähe einer quasiplatonischen Erkenntnistheorie, die behauptet, dass die reine Idee des Logos durch direkte intellektuelle Anschauung erkannt werden kann. Ein solches unvermitteltes Erkennen wird er in der unveröffentlichten Fassung der *Fragen zur Realität* als »Intuition« bezeichnen.

Die oben formulierte erste Frage bezweifelt, dass es Intuition im Sinne einer unmittelbaren, begründungs- und zeichenlosen Erkenntnis eines Objekts geben kann. Die Intuition wird zum Sonderfall von Erkenntnis nicht deshalb, weil sie z.B. ihre eigene Wahrheit behauptet. Sie zerschneidet vielmehr das Gewebe logischer Beziehungen, weil sie den Anspruch erhebt, dass wir nur durch ihre Erwägung, »durch die einfache Betrachtung einer Erkenntnis«, erkennen können, dass sie für ihr Objekt unmittelbar steht und dass sie unabhängig von aller anderen Erkenntnis wahr ist, die wir über dieses Objekt besitzen. Nur das »transzendentale Objekt« selbst – jenes Objekt, das jenseits aller Erfahrung liegt – könnte direkt bestimmen, was eine Intuition ist.

Deshalb ist der erste Argumentationsschritt der Nachweis, dass uns die Frage, wie wir eine Intuition erkennen können, in einen unendlichen Regress selbstevidenter Akte führt. Die These, dass es intuitive Erkenntnis gibt, hat die Konsequenz, dass das Machen einer Erfahrung und das intuitive Wissen, dass wir diese Erfahrung intuitiv gemacht haben, zusammenfallen müssen. Nehmen wir an, jemand behauptet:

(1) Ich habe die Intuition, dass p der Fall ist.

Fragen wir ihn, wie er von (1) wissen kann, so kann er uns, da es sich um eine Intuition handelt, keinerlei Gründe angeben. Es reicht ein: »Ich weiß es eben«. Da es sich um eine Intuition handelt, ist jeder begründende Bezug auf eine andere Erkenntnis ausgeschlossen. Der Wissende kann nur behaupten, dass er das Wirken der Intuition unmittelbar erfahren hat. Folglich ist (1) gleichbedeutend mit

(2) Ich weiß intuitiv, dass ich die Intuition habe, dass p der Fall ist.

Offensichtlich kann ich nur deshalb wissen, dass (2) wahr ist, weil ich es intuitiv erfahren habe usw. Es kann nur so sein, dass wir *fühlen*, dass wir das Vermögen der Intuition besitzen; eine weitere Begründung ist nicht ausgeschlossen, aber irrelevant.

Nehmen wir einmal an, wir können empfinden, dass wir Intuitionen haben. Sollten wir einer solchen Empfindung als einem zuverlässigen Zeugnis vertrauen dürfen und davon ausgehen, dass wir tatsächlich ein Objekt direkt und unvermittelt erkannt haben? Dies wäre nur dann legitim, wenn wir uns sicher sein könnten, dass unsere Empfindung einer Intuition sich von anderen Arten des Wissens qualitativ unterscheidet – z.B. von durch Erfahrung erworbenem Wissen oder von dem durch logisches Schließen erlangten. Da aber die Intuition uns für ein solches Urteil keinerlei Anhaltspunkt bietet, ist wiederum die Fähigkeit vorausgesetzt – nämlich Intuition –, deren Ergebnisse eigentlich legitimiert werden sollten. Mit anderen Worten: Ein legitimer Rückgriff auf die Intuition läuft darauf hinaus, das Primat der prozesslogischen Form von Erkenntnis und Denken zu leugnen.

Wie verträgt sich diese Argumentation mit Peirces logischem Idealismus? Es liegt nahe zu vermuten, dass auch die abgelehnte Rückführung der Unterscheidung von innerer und äußerer Welt auf die innere Welt der Empfindungen und Gefühle einer idealistischen Auffassung von Erkenntnis und Geist entspricht. Eine erste Antwort darauf liefert bereits unsere provisorische Charakterisierung des peirceschen Idealismus: Sein logischer Idealismus ist jene Weiterentwicklung des *objektiven* Idealismus, die von der grundlegenden Funktion des Erkennens logischer Formen ausgeht. Auf die durch formale Strukturen erreichbare Objektivität, die Allgemeingültigkeit und intersubjektive Verbindlichkeit, nicht auf die einzelnen Vorgänge im Geist der Menschen kommt es diesem Idealismus an. Peirce verwirft deshalb die Möglichkeit, dass ein inneres Ereignis, ein geistiger Zustand oder Gedanke durch sich selbst als Intuition seine eigene Bedeutung, Gültigkeit oder Wahrheit garantieren kann. Das klassische Wahrheitskriterium etwa bei Descartes und Leibniz lautete dagegen: Alles, was wir klar und deutlich einsehen und denken können, ist auch wahr. Eben diese traditionelle Konzeption, die Wahrheit und Bedeutung gleichsetzt, wehrt Peirce mit seiner Kritik des Intuitionsgedankens ab. Kein inneres Ereignis, keine Empfindung und kein Gedanke kann per se die eigene Gültigkeit garantieren.

Wodurch kann dann die Objektivität des Erkennens und Denkens gewährleistet werden? Sie ist ein Produkt der Symbole; die konkret aufschreibbaren Schlüsse sind materiale Zeichen, deren logische Form an eine Anordnung im Raum gebunden ist. Unsere Vernunft ist, wie Peirce schreibt, auf ein »endliches Gebiet« ausgerichtet. Wer aber geistige Aktivität durch die Beziehung zwischen Vorstellungen auf einem »endlichen Gebiet« beschreibt, bricht mit der dualen Ontologie des Cartesianismus. Denn nicht nur bei Descartes, sondern bei fast allen modernen Denkern sind Logik und Ausdehnung miteinander unvereinbar. Selbst Kant steht noch in dieser Tradition. Indem er den Raum als Form der Anschauung auffasst, weist er der räumlichen Bestimmtheit von Vorstellungen zwar eine wichtige Funktion für die empirische Erkenntnis zu, trennt sie aber zugleich von den logischen Funktionen, die für das Denken charakteristisch sind. Und dies ist auch bei Descartes der Fall.

In der sechsten *Meditation* über die Grundlagen der Philosophie trennt Descartes das »reine Verstehen« kategorisch vom »bildlichen Vorstellen«. Die Leistung des bildlichen Vorstellens ist nach Descartes ein nicht zum Geist gehöriger, sondern durch die Ausrichtung auf den Körper eingeschränkter Vorgang, der durch externe, die Ausdehnung des Körpers bedingte Eigenschaften wie z.B. die Anstrengung im Vollzug bildlicher Vorstellung geprägt ist. Alle bildlichen Vorstellungen, die wir über die Sinne von den Dingen gewinnen, können uns in die Irre führen, weil sie nicht durch reines Verstehen, für das allein das Cogito – das reine Denken – zuständig ist, gesichert sind. Wir können weder alle Eigenschaften des rein geistigen Verstehens bildlich vorstellen, noch können bildliche Vorstellungen den Grad der Gewissheit eines klaren und deutlichen Denkens erreichen. Die cartesiansche Logik aber – die Behandlung aller klaren und deutlichen Denkprozesse – ist nur auf das Denken anwendbar, durch das allein ein klares und deutliches Verstehen erreicht wird. Gegen die Cogito-Konzeption des Geistes wendet sich Peirces Kritik der traditionellen Erkenntnistheorie. Ein unmittelbares »inneres Erkennen« durch die Klarheit und Deutlichkeit des Denkens ist nicht möglich, sondern bleibt an die Verwendung material manifester und damit externer Symbole gebunden. Im Gegenteil: Das Erkennen innerer Ereignisse bedarf äußerer Kriterien, und alles Unmittelbare bleibt logisch neutral.

Aus der Prozessthese ergibt sich das Primat der externen, öffentlichen Äußerungen und Zeichen vor den privaten, internen Vorgängen. Folglich ist auch der Begriff der Wirklichkeit das Korrelat nicht der Überzeugung des Individuums, sondern der Gemeinschaft. Die Wahrheit kann nur in einer Überzeugung bestehen, die sich im Prozess der Erfahrung und des Wissenserwerbs unabhängig von den Meinungen einzelner Menschen durchhält. Denn wirklich ist nur das, was unabhängig von dem ist, was Sie oder ich oder jedes andere menschliche Individuum dafür halten. So kommt es zu der Konzeption einer (idealen) letzten Meinung als Darstellung der Wirklichkeit, die am Ende jeder möglichen Erkundigung, Forschung oder Erfahrung stehen könnte, die eine Beziehung auf die Gemeinschaft der Forschenden besitzt: »Und so bestehen jene beiden Reihen von Erkenntnissen – das Reale und das Nicht-Reale – aus solchen, die in einer genügend weit in der Zukunft liegenden Zeit ständig von der Gemeinschaft erneut bestätigt werden, und aus solchen, die, unter denselben Bedingungen, immer wieder geleugnet werden.« (EP 1, 52; übers. v. Vf.)

Peirce meint, dass wir die letzte Meinung nicht nur manchmal erreichen können, sondern dass wir sie tatsächlich in vielen Fällen bereits erreicht haben. Doch können wir in keinem Einzelfall wissen und behaupten, dass dies so ist. Damit wendet sich Peirce sowohl gegen die Dogmatiker als auch gegen die Skeptiker in der Erkenntnistheorie. Dem Skeptiker, der behauptet, dass keine unserer Meinungen mit Gewissheit als wahr bezeichnet werden kann, hält Peirce entgegen, dass wir bereits über wahre Aussagen verfügen können, ja dass sogar der größte Teil unserer Überzeugungen für uns praktisch unbezweifelbar ist. Er gesteht dem Skeptiker zu, dass wir kein Wissen *zweiter Stufe* besitzen können, welche einzelnen Überzeugungen letzte Meinungen sind. Der Dogmatiker behauptet nicht nur, dass wir wahre, ja sogar unbezweifelbare Aussagen haben können. Er behauptet darüber hinaus, dass wir auch über ein Wissen zweiter Stufe verfügen, dass sie unbezweifelbar wahr sind. Doch dieses Wissen können wir niemals erlangen: Wir können niemals wissen, dass kein Zweifel mehr möglich ist und wir eine letzte Meinung erreicht haben.

Prinzipiell können wir jede Überzeugung anzweifeln und sie erneut in den Prozess des Schlussfolgerns und Begründens einbeziehen. Dies ist Peirces *Fallibilismus*, seine zweite wichtige methodologische Theorie. Aus dem Fallibilismus folgt eine Maxime für den sinnvollen, fragend-forschenden Umgang mit Erfahrung:

Akzeptiere keine deiner Überzeugungen als absolut jedem Zweifel entzogen, auch wenn du praktisch nicht zweifeln kannst.

Diese Maxime folgt aus der ersten Regel der Logik, die verbot, dass wir ein Problem lösen oder eine Frage beantworten, indem wir etwas als absolut unerklärlich bezeichnen. Eine andere Formulierung dieser Regel lautet: »Gestatten wir uns niemals anzunehmen, dass es unmöglich ist, irgendein bestimmtes Problem bis zu irgendeinem festlegbaren Grad von Vollständigkeit zu lösen.« (EP 2, 188; übers. v. Vf.) Wenn der Prozess der Veränderung und Erweiterung von Erfahrung keine festlegbare Grenze hat, so wird sich das, was wir für wahr oder falsch halten, ständig verändern. Dann kann sich jede einzelne bisher akzeptierte Aussage jederzeit als falsch erweisen. Zumindest für das wissenschaftliche Vorgehen, aber auch für manche gesellschaftlich-politische Frage können wir die folgende fallibilistische Maxime formulieren: Trau den Relationen des Gewebes deines Wissens und dem Prozess des Lernens an der Erfahrung, aber klammere dich nicht an die Wahrheit einzelner Überzeugungen. Gib Methoden und Verfahren den Vorrang gegenüber Meinungen und Autoritäten.

Relation und Relationalität

Wir haben gesehen, dass Erkenntnisprozesse und das Denken als logischer Prozess nur dann angemessen erklärt werden können, wenn wir die Relationen aufspüren, die sie charakterisieren. Wir können sagen, dass die *Relationalität* die elementare Form aller Erfahrung und des Denkens ist. Deshalb schlage ich vor, dass wir, wo es um dieses Formmerkmal geht, von »Relationalität« statt »Relation« sprechen. Dafür gibt es noch einen weiteren Grund: Eine Relation heißt in der formalen Logik und Mathematik der Gegenwart häufig eine Funktion, die über eine Menge von Elementen, z.B. unabhängig spezifizierte Objekte, definiert ist. Man benutzt Begriffe wie »Objekt« (oder »Element«), »Funktion« und »Menge«, um mit ihnen den Begriff der Relation vollständig zu definieren.[16]

Peirce hat ein anderes Verständnis von »Relation«. Ihm geht es darum, die einzelnen Elemente der Erfahrung und des Denkens durch die Beziehung auf die zu erkennende Wirklichkeit zu vereinheitlichen, ohne dabei bereits ontologische Verpflichtungen einzugehen, wie sie die Unterscheidung zwischen Objekten und Mengen mit sich bringt. Die Relationalität der Erfahrung – und damit ihr Prozesscharakter – ist grundlegend und besitzt eine ontologische und erkenntnistheoretische Priorität gegenüber allen individualisierenden Kategorien wie z.B. »Objekt«, »Element« und »Menge«. Deshalb kann man den Begriff der Relation, der Peirces prozessontologischem Ansatz zugrunde liegt, folgendermaßen umschreiben:

Die entscheidende Eigenschaft der Beziehung von Erfahrung auf eine denkunabhängige Wirklichkeit ist die einer intensional, nicht extensional definierbaren Relationalität.

Wir wollen Peirces Begriff der Relation – das, was ich »Relationalität« nenne – und den Ansatz der Relationenlogik erläutern, veranschaulichen und von anderen Ansätzen abgrenzen. Die Relationenlogik und die Relationalität als Sichtweise von Erfahrung liegt in der zeitlichen Entwicklung des peirceschen Philosophierens anderen Teilen wie z.B. dem Pragmatismus von 1878 und der evolutionären Metaphysik der Jahre zwischen 1884 und 1893 voraus. Erkenntnistheorie und Logik vom Paradigma der Relationalität her aufzubauen heißt, dass ausschließlich relationenlogisch vorgegangen wird: Alle logischen Operationen werden durch die Anwendung von Relationen auf Relationen gewonnen. Die Anwendung von Relationen auf Relationen soll auch zeigen können, wie wir denken, wenn wir zwei Begriffe, z.B. »rot« und »Ofen«, kombinieren und in einem Urteil, z.B. »Der Ofen ist rot« verknüpfen.

Gelegentlich wird behauptet, dass die moderne formale Logik seit Frege dieses Problem gelöst habe. Sicher beschreibt der Prädikatenkalkül *eine* logische Form *mancher* gültiger Schlüsse. Doch woher wissen wir, dass dies *die* oder gar *die einzige und grundlegende* Form der Verknüpfung von Begriffen im Denken ist? Beispielsweise nimmt die moderne formale Logik an, dass die Reihenfolge der Prämissen in einem Beweis beliebig ist: Jede Prämisse (oder Folgerung aus Prämissen) kann an jedem beliebigen Punkt eingeführt werden. Alles, was nach den Regeln und Theoremen der Logik folgt, kann also in beliebiger Reihenfolge als Beweisschritt auftauchen. Unser Denken jedoch zeichnet eine asymmetrische, irreversible Ordnung aus, nämlich die Folge der Gedanken in der Zeit. Die Folge unserer Denkschritte in der Zeit ist zwar eine Form von Denk- und Erfahrungsprozessen, von der wir abstrahieren können, doch ist auch die Abstraktion in der Ordnung geistiger Prozesse situiert. Dies hat Folgen, und dafür wollen wir ein Beispiel betrachten, das für Peirces Ansatz charakteristisch ist. Nimmt man wie Peirce an, dass die asymmetrische Ordnung des Denkens in der Zeit grundlegend ist, dann ist die logische Folgerelation zwischen zwei Gedanken eine logisch elementare Form unseres Denkens. D.h., sie kann nicht durch andere, logisch elementarere Formen ausgedrückt werden.

Diese Tiefenstruktur kontinuierlicher Prozesse ist also das Eigentliche des Relationalen, das hinter unserem normalen Bewusstsein wirksam ist und das wir nur selten in den Blick nehmen. Was aber ist dann dieses »Uneigentliche«, dem wir uns ganz überlassen, wenn wir auf eine komplizierte und verwirrende Situation mit einem Gedanken wie »*Dies* gefällt mir jetzt überhaupt nicht« im Denken oder Sprechen reagieren? Unser abstraktiv vereinfachendes Bewusstsein entgeht der menschlichen Grundsituation der unhintergehbaren Relationalität nicht, sondern schließt auf eine andere Art an sie an als die direkte Thematisierung einer Relation. Die sprachlichen Formulierungen und nichtsprachlichen Zeichen können auf ihrer Ebene eine abstrahierende Einfachheit dadurch erzeugen, dass sie selbst relational aufgebaut sind. Weiterhin müssen sie so beschaffen sein, dass sie auch auf die relationale Komplexität, auf die sie als Zeichen und Darstellungen antworten, bezogen und ihr gegenüber offen bleiben.

Mittels Begriffen, Wörtern und Sätzen können wir uns der Schwierigkeit entziehen, die komplexe Relationalität auch nur in den wichtigsten der vielfältigen möglichen Verhältnisse, die Relationen zueinander eingehen, vollständig in den Blick zu nehmen. Die Sprache schafft die gewünschte und erforderliche Erleichterung. Ihre Zeichenstrukturen, insbesondere Begriffe und Namen, abstrahieren von der offenen und unübersichtlichen relationalen Komplexität der Wirklichkeit. Wir schaffen uns »Ruheplätze des Denkens«, auf die wir uns zurückziehen können. Ein Moment des Filterns und der Wahl gehört zu den kognitiven Funktionen, ohne die logisches Denken gar nicht erst in Gang kommt. Peirce beschreibt dies 1893 folgendermaßen: »[...] alles deduktive Denken, [...] – nichtrelationale Syllogismen einmal ausgenommen – erfordert einen Akt der Wahl, weil aus gegebenen Prämissen mehrere Folgerungen – in einigen Fällen sogar unendlich viele – gezogen werden können.« (CP 6.595, 1893; übers. v. Vf.)

Es geht um die Einsicht, dass irgendein konkretes Ereignis wie z.B. meine Äußerung »Dies gefällt mir jetzt überhaupt nicht« oder ein Gegenstand wie z.B. ein Verkehrsschild die Wirkung hat, unser Handeln und Verstehen zu bestimmen. Und zwar auf eine weitgehend einheitliche Weise für alle von uns, die deutsch sprechen bzw. Verkehrsschilder kennen. Der einzelne Gegenstand – dies Schild dort an der Ecke oder dieser soeben zum zweiten Mal geäußerte Satz – hören also auf, nur dies zu sein: ein Ereignis und ein Ding. Man könnte dies vielleicht auch anders beschreiben. Das Schild oder die Äußerung sind Teil meines und unseres Verstehens geworden. Sie sind in den faktischen Sprech- und Denkprozess eingegangen, und dieser ist in Zeichen und Folgen von Zeichen verkörpert. Und zwar so, dass das solchermaßen verkörperte Denken uns in eine Verständigungsbeziehung zu allen übrigen Menschen bringt, die dieselben Teile der Welt zum Teil ihres Denkens machen können. Kurz, sie sprechen unsere Sprache oder verwenden Symbole, die auch wir verstehen.

Diese Einsicht in die elementare Rolle der impliziten Relationalität, die die symbolischen Zeichen verkörpern, gelingt Peirce sehr früh. Bereits in der elften *Lowell-Lecture* von 1866 formuliert er sie. Sie ist für ihn eine Konsequenz aus dem nicht materiellen, sondern formalen Wesen des Symbols. Peirce geht schließlich so weit, dass er aus diesem Wesen des Symbols ein Verständnis der Existenz des Menschen gewinnt: Diese Existenz ist mit seiner geistigen Existenz äquivalent, die sich nur durch das Verwenden von Zeichen – Symbolen – vollziehen kann (SB1, 140–141). Peirce beschreibt die Handlungen und Gedanken, die mit dem Charakter eines Menschen konsistent sind, analog zu einzelnen Verwendungen desselben wahren Symbols, z.B. des Wortes *sechs*, *six*, in mehreren Sprachen und Verkörperungen – mit Kreide an die Tafel geschrieben oder gesprochen. Dies sind Veranschaulichungen für die These, dass Geist in der Zeichenproduktion als logischer Prozess wirksam ist. Man sieht aber auch, wie Logik das Modell des Geistes liefert: Geist gewinnt erst dadurch eine objektiv gültige Form, dass er sich in der Verwendung von Zeichen verkörpert, die kommunikative, ja ein ganzes Leben überspannende Symbolisierungen und Verständigungen im Ereignis des Handelns verkörpern können.

Die Relationenlogik:
Die logische Form nicht nur des begrifflichen Denkens

Hat man den Fundamentalismus der Intuitionen in der Erkenntnistheorie so radikal wie Peirce verworfen und auch aus anderen Gründen die Prozessthese akzeptiert, dann ist eine relationale Auffassung von Erkenntnis das naheliegende Gegenmodell. Will man die Struktur und die Gegenstände von Erkenntnisprozessen von ihren logischen Eigenschaften her verständlich machen, so ist die erste Anforderung, sie logisch in erster Linie als Prozesse zu charakterisieren. Es gibt aber nur eine Gruppe logischer Eigenschaften, welche die Merkmale von Prozessen angemessen darstellen kann: Dies sind ihre relationalen Eigenschaften. Deshalb ist das Verständnis von Erkenntnisprozessen an das Verstehen ihrer relationalen Eigenschaften gebunden. Prozesse des Erfahrens und Erkennens mögen allerlei Eigenschaften anderer Art haben, aber Eigenschaften, die für sie spezifisch und entscheidend sind, die nur sie charakterisieren, sind in jedem Fall Relationen.

Geht es wirklich bei allen Erfahrungen um Relationen? Wie steht es mit der einfachen Aussage »Das ist blau«? Peirces behauptet, dass es für das relationale Paradigma der Erkenntnis keine Ausnahme gibt: »In Wirklichkeit ist jede Tatsache eine Relation. Wenn ein Objekt also blau ist, so besteht dies in der gesetzeshaften Wirkung dieses Objekts auf das menschliche Auge. [...] Nicht nur ist jede Tatsache wirklich eine Relation, sondern unser Denken dieser Tatsache stellt es auch *implizit* so dar.« (CP 3.416 f., 1892; übers. v. Vf.) Auch das Erkennen nicht-relativer Eigenschaften wie der Bläue ist der Spezialfall einer Relation, in der wir selbst zu Dingen stehen. Doch welche logischen Unterscheidungen benötigen wir, um die implizite Relationalität von Aussagen explizit beschreiben zu können?

An dieser Stelle will ich einen kurzen Überblick über den Ansatz der Relationenlogik geben. Peirce hat sie zuerst als Relationenalgebra, nämlich als eine mathematische Theorie in Anschluss an George Booles logische Algebren formuliert. Uns geht es jedoch um die philosophische Bedeutung einiger algebraischer Begriffe aus der Mathematik der Relationen. Dieses Vorgehen entspricht Peirces Aufbau der philosophischen Disziplinen, den ich in der Einleitung dargestellt habe. Wir haben gesehen: Der objektive Idealismus wandelt sich zum logischen Idealismus, indem er die Beziehung zwischen den physisch manifesten Äußerungen,

Darstellungen und Handlungen und der logischen Form des Vernunftprozesses herstellt. Anschauung und Vernunft liegen die gleichen relationenlogischen Gesetze zugrunde; unser Denk- und Erkenntnisvermögen ist erfolgreich, wenn die Abfolge unserer Wahrnehmungs-, Denk- und Interpretationsprozesse eine neue Weise der relationalen Ordnung in die Erfahrung einführt, die erfolgreich ein bisher unbekanntes oder unzugängliches Objekt herausgreift. Wenn ein Gegenstand der Erfahrung durch eine offene Form – Relation – erfasst wird, so ist die Form des Objekts auch in eine Form der Erfahrung seiner Darstellung übersetzt worden.

Peirces intensionale Relationenlogik will die Aussagen- und Prädikatenlogik gänzlich durch Operationen über Relationen formulieren. Aus heutiger Sicht lassen sich Relationen in dem Sinne extensional so interpretieren, dass alle drei- und mehrwertigen Relationen – wie z.B. A bewirft B mit C – auf zweistellige Relationen zurückführbar sind. Peirces intensionale Relationenlogik verwendet einen anderen Begriff nicht nur der Relation, sondern auch der logischen Verknüpfung zwischen Relationen, für die Relationalität grundlegend ist. Dabei sind »Relation« oder »Relativ« jeweils auf ganz bestimmte Weise dargestellte und von einem Korrelat her verstandene Strukturen. Versteht man eine Relation explizit als Relation, so hat man auch verstanden, dass etwas in einer relationalen Hinsicht verstanden wurde. Die Hinsichten, unter denen wir die plurale Tatsache der Relation verstehen, sind die Begriffe der Relata selbst. So kann man die Relation des Gebens vom Begriff der Gabe, des Gebers oder des Gegebenen her beschreiben. Peirce spricht deshalb meistens von »Relativen« oder »relativen Termen« und nur selten von Relationen.[17]

Die intensionale Relationenlogik versteht unter logischer Analyse nicht die Zerlegung in quantifizierte Formen, sondern in Relationen zwischen Begriffen oder allgemeiner zwischen Zeichen.

Peirce versteht Relationen von innen her – d.h. auch begrifflich und »intensional« –, und zwar so, dass es keine Position außerhalb der Relationalität gibt. Das ist die menschliche Situation: Wir können der eigenen Komplexität nicht entkommen, sondern wir können nur Relationen auf Relationen beziehen. Jedes Betrachten von etwas setzt eine andere Hinsicht oder Betrachtungsweise voraus, die in dieses Betrachten eingeht und es ermöglicht.

Wir wollen uns nun der logischen Symbolisierung von Relationen und Operationen über Relationen selbst zuwenden – soweit es um Operationen und Relationen über Begriffe geht. Bei dieser Symbolisierung handelt es sich um die Form von Zeichen, die abstraktiv die Form der Transformation von begrifflichen Relationen darstellen. Was wird also durch das logische Notationssystem der Relationenlogik abstraktiv dargestellt? Dies kann man am Unterschied zwischen Peirces Symbolisierung von relativen Termen und den heute gängigen Formalisierungen von Relationen beschreiben. Generell gilt: Während Peirce Relationen *substantiviert*, neigt unsere gegenwärtige Sicht dazu, sie zu *verbalisieren*. In der heutigen Relationenlogik wird die Form von

(1) *x* wirft *y* dem *z* zu.

mit

(2) W*xyz*

wiedergegeben. »W« steht für die Relation des Wurfes. In Peirces substantivierender Begriffsbildung hingegen wird dasjenige Korrelat bezeichnet, von dem aus die relationale Tatsache betrachtet wird. Dieses »Korrelat der Betrachtung« entspricht dem Subjekt der Aussage. In unserem Beispiel »x wirft y dem z zu« verstehen wir den Satz als Aussage, die »x« zum Satzgegenstand oder Subjekt hat: Der Satz sagt etwas über »x« aus. Nach meinem – und ich denke, nicht nur meinem – Sprachgefühl würden wir nicht sagen, dass W*xyz* die Form von Sätzen wie

(3) Hugo wirft den Karton dem Egon zu.

ausdrückt, weil sie uns nichts darüber sagt, wer das Subjekt dieser Darstellung der Relation ist. Will man diese besondere Betrachtungsweise der Relation formalisieren, so müssen wir die Rolle des Korrelats »Hugo« berücksichtigen. Wir symbolisieren dazu die substantivierte Form des Verbs »werfen«, das »Hugo« beschreibt. Wir erhalten dann:

(4) *x* ist der *Werfer* von *y* zu *z*.

Jetzt wird deutlich, dass (4) eine ganz andere Betrachtungsweise einer Relation ausdrückt als z.B. jene Betrachtungsweise, die das *Wurfgeschoss* zum Subjekt hat:

(5) Diesen Karton hat Hugo dem Egon zugeworfen.

Doch trotz dieser intensional-begrifflichen Unterschiede von Aussagen wie (3) und (5) werden sie in der Notation der modernen formalen Logik auf die gleiche Weise – eben durch W*xyz* – dargestellt.

Wie können wir die Intensionen von relationalen Begriffen darstellen? Den peirceschen Begriff einer Relation kann man durch eine einfache Erweiterung der üblichen Notation symbolisieren. Dazu ist nur erforderlich, einen speziellen Ausdruck einzuführen, der die Substantivierung und Hervorhebung eines Korrelats als »Betrachtungsweise« einer Relation bezeichnet, wie dies Robert Burch vorgeschlagen hat.[18] Burch nennt diese Formalisierung der Betrachtungsweise einer Relation die »privilegierte Variable«. Für ihre Verwendung gilt: Die substantivierte Variable wird vor die Symbolisierung gestellt und durch einen vertikalen Strich »|« abgetrennnt. Sie drückt die durch den Begriff eines Korrelats bezeichnete Relation aus, das als bestimmt behandelt wird. Die anderen Relata dagegen werden als bestimmbare (noch verknüpfbare) Leerstellen aufgefasst. Aussage (5) können wir mit der neuen Notation durch

(6) $y \mid Wxyz$

symbolisieren.

Die Betrachtungsweise oder der dargestellte Aspekt einer Relation besteht nach Peirce darin, dass ein Korrelat substantiviert wird. Nur die anderen Korrelate können wie freie Variablen behandelt werden. Diese sind dann durch weitere relationenlogische Operationen bestimmbar, was Peirce in seinen Beispielen durch Leerstellen ausdrückt. So symbolisiert die Kombination des Begriffs eines privilegierten Relats mit zwei Leerstellen, z.B. in »Wurf von -- zu --«, dass dieser Relativterm zwei definierbare und ein bereits definiertes Relat hat. Damit unterscheidet sich (6) von der Symbolisierung von (4), nämlich

(7) $x \mid Wxyz$

Diese Symbolisierung der Relativterme in Peirces Relationenalgebra ist also – im Gegensatz zum extensionalen Verständnis der heutigen formalen Logik – in der Lage, die Form der begrifflichen Beziehungen auszudrücken, die wir in unserem normalen Sprechen über Relationen ausdrücken. Die betrachtungsabhängigen relationalen Termini wie »Vater von --«, »Geber von -- an --«, »-- schenkt -- an --«, »Wurf von -- zu --«, »Wohltäter von --« sind analog den Begriffen der Relata in jenen Aussagen, mit denen wir normalerweise die entsprechenden Relationen beschreiben.

Die peircesche Relationenlogik basiert auf einer Gruppe von Operationen, die durch die Erweiterung und begriffstheoretische Interpretation der booleschen Algebra entsteht. Dabei handelt es sich um rein relationenlogische Operationen: Es werden ausschließlich Relationen auf Relationen angewendet. Das Grundmodell für diese Anwendungsoperationen, von dem die Erweiterung ausgeht, ist die so genannte »relative Multiplikation«, die in manchen Logikbüchern auch »Peircesches Produkt« genannt wird. Wiederum ist es die logische Struktur der Relationalität des begrifflichen Denkens, die die relative Multiplikation zur Grundoperation macht. Peirce beschreibt diesen Ansatz folgendermaßen: »Eine logische Analyse ist keine Analyse in existierende Elemente. Es geht um das Aufzeigen von Relationen zwischen Begriffen [...]. Verknüpft werden stets zwei Begriffe gleichzeitig, und dies erfolgt dadurch, daß ein Subjekt des einen mit einem Subjekt des anderen unbestimmt identifiziert wird.« (SB2, 371) Diese Logik liegt auch den kategorialen Bindungen zugrunde (S. 34–38).

In der ursprünglichen Form ist die Anwendung von Relationen auf Relationen eine zweistellige Operation, die zwei Begriffe miteinander verknüpft. Dies tut sie dadurch, dass sie beide Begriffe geordnet verbindet: Ein Korrelat des ersten Relativbegriffs wird mit einem Korrelat des zweiten Relativbegriffs identifiziert. Nehmen wir die beiden Relativbegriffe »Helfer von --« und »Liebhaber von --« und bilden nun das relationale Produkt, indem wir sie aufeinander anwenden. Dann entsteht der Relativbegriff jedes Objekts, das durch beide Relativtermini *gemeinsam* beschrieben wird. Also: »Der Helfer eines Liebhabers von --«.

Die relationenlogischen Eigenschaften des Denkens und der Erfahrung

Was können wir mit den Mitteln der Relationenlogik an philosophischen Problemen und Begriffen verständlich machen, das in der gewöhnlichen Logik unter den Tisch fallen würde? Ein zirkelfreier Aufbau der Philosophie des logischen Idealismus ist dann möglich, wenn eine mathematisch basierte Logik wie z.B. die Algebra der Relationen die formale Grundlage für die Charakterisierung von »Prozess« und »Geist« bereitstellt. Sie liefert eine allgemeine und formale Begrifflichkeit, die nicht ontologisch durch die Ding-Ontologie unserer Alltagssprache kontaminiert ist. Der Relationenlogik können die theoretischen Mittel entnommen werden, um alle logischen Verknüpfungen und Operationen zu beschreiben.

Eine formale Theorie der Mathematik oder Logik kann nur insoweit philosophisch relevant sein, als sie uns dazu verhilft, Struktur- und Verlaufseigenschaften von Denk- oder Erfahrungsprozessen darzustellen. Peirce hat aus der Relationenlogik und Mathematik formale Prinzipien und Konzepte danach ausgewählt, ob sie geeignet sind, den gerichteten Prozesscharakter des Geistigen angemessen zu beschreiben. Die Grundlage für seine Auswahl ist also, ob geistige Prozesse durch logische Relationen und die für sie gültigen Operationen charakterisiert werden können. Logisch gültige Übergänge zwischen Gedanken und Sätzen sind wichtige Fälle von geistigen Prozessen. Sie bewahren die Wahrheit des Gedankens und die Identität der Gegenstände. Peirce versucht deshalb, alle logischen Operationen und insbesondere alle satzlogischen Verknüpfungen – z.B. die Konjunktion »und«, die Disjunktion »oder« und die Negation »nicht« – relationslogisch zu definieren. Für den Aussagenkalkül ist ihm dies bereits 1870 gelungen: Er hat die gesamte Aussagenlogik ausschließlich als Logik der Folgerungsbeziehung zwischen zwei Aussagen mit den Mitteln der booleschen Algebra der Relationen dargestellt.[19]

Welche relationslogische Eigenschaft unterscheidet aber die Folgerungsbeziehung des »wenn-dann« z.B. von Disjunktion und Konjunktion und macht sie so geeignet, den Prozesscharakter von Denk- und Erkenntnisprozessen besser darzustellen als diese? Es ist die Transitivität des Konditionals, die sie zum Ausdruck des besonderen Charakters geistiger Prozesse werden lässt. In der Aussagenlogik nennt man jenes Theorem, das die Transitivität des materialen Konditionals darstellt, das Prinzip des Syllogismus. Wenn P, Q und R für Aussagen stehen und »→« für das Konditional, dann können wir dieses Theorem folgendermaßen schreiben: $[(P \rightarrow Q) \& (Q \rightarrow R)] \rightarrow (P \rightarrow R)$. Durch die relationenlogische Eigenschaft der Transitivität wird der Prozesscharakter von Denken und Erfahrung logisch fassbar. Die Leistung der Transitivität von Relationen können wir uns an einem einfachen Beispiel vor Augen führen. Nehmen wir die Relation des Gebens. Angenommen, ich weiß, dass Peter irgendein Ding an Herbert gegeben hat und Herbert dieses Ding an Felicitas weitergegeben hat. Ich weiß dann auch, dass das Ding, das Peter einst besessen hat, mit dem Ding identisch ist, das jetzt Felicitas besitzt. Und dieses Wissen ist völlig unabhängig davon, um welches Ding es sich handelt, was immer auch seine weiteren Eigenschaften sein mögen. Die Tiefenstruktur eines wahrheits- und wirklichkeitsorientierten Denkens und Erkennens muss diese Forderung erfüllen können: Es muss den wirklichkeitsorientierten Zusammenhang unseres Erkennens auch dann erhalten können, wenn wir buchstäblich nichts über den Gegenstand wissen, um den es geht. Die Transitivität ist ein Fall jener komplexen (drittheitlichen) Relationseigenschaften, die es uns manchmal gestatten, durch das Herstellen von Relationen unser Wissen für neue

Erkenntnisse offenzuhalten. Peirce sieht deshalb in der Transitivität die logisch wichtigste relationale Eigenschaft aller Schlüsse.
Inwieweit er damit Recht hat, wird sich durch die Methodologie des Pragmatismus erweisen lassen.

5. Pragmatismus: Die Ordnung von Wissen und Handeln

Wir können jetzt die begrifflichen Ressourcen, die Peirces logisch-idealistisches Denken mobilisiert, nutzen, um seine bekannteren Positionen zu rekonstruieren. Die These vom Geist als logischem Prozess ist durch die Formalisierung ihrer grundlegenden Ideen in der Relationenlogik konkretisiert worden. Weiterhin hatten wir die prozessural und logisch orientierte Erkenntnistheorie kennen gelernt, die durch die Einbeziehung des unmittelbaren Zusammenhangs gegenwärtiger Empfindungen die rein logische Prozessthese durch eine Bedingung für die Möglichkeit individuellen Bewusstseins ergänzt. Als nächstes werden wir darstellen, wie die relationale Eigenschaft der Transitivität dazu beiträgt, einen fruchtbaren relationalen Zusammenhang zwischen Denken und Wirklichkeit zu erkennen und zu bewahren. Einen solchen Anspruch haben auch Methodologie und Erkenntnistheorie: Die Methodologie des Pragmatismus besteht nämlich darin, Anforderungen für konstruktive Relationen zwischen Überzeugungen zu formulieren.

Der Pragmatismus ist als eine methodologische Theorie entworfen. Für wissenschaftliches Forschen, alltägliches Erkenntnishandeln und Denken soll er die Orientierung an der unabhängigen Wirklichkeit nicht nur sicherstellen, sondern auch fruchtbarer gestalten. Dafür reicht es nicht aus, durch eine normativ-festlegende Definition abstrakt formale Eigenschaften der Relationenlogik und der Prozessthese willkürlich nach unseren Wünschen herauszugreifen. Weil wir wissen wollen, was in jener unabgrenzbaren Vielzahl von Situationen, die wir der »Wirklichkeit« zurechnen, der Fall ist, wollen wir jene Methode finden, die es gestattet, dies herauszufinden. Die logische Ordnung der Überzeugungen, Darstellungen, Erfahrungen und Zeichen soll einen Zusammenhang herstellen können, der durch das Ziel bestimmt ist, die Wirklichkeit zu erkennen. Deshalb muss diese Ordnung die Bedingungen, unter denen die Gegenstände der Erfahrung für sich genommen und unabhängig von unserem Wissen über sie stehen, berücksichtigen können. Diese Bedingungen legen fest, wann ein Gegenstand in unserer Erfahrung als derselbe Gegenstand identifizierbar ist. Und dafür müssen wir angeben, welches z.B. die erkenntnistheoretisch umgesetzten relationenlogischen Bedingungen dafür sind, dass ein Gegenstand unserer Erfahrung unabhängig davon bestimmt ist, was wir über ihn herausfinden.

Doch kann es so etwas überhaupt geben: eine Charakterisierung des unabhängigen Gegenstands durch eine Form, die innerhalb unserer Erfahrung und unseres Denkens aufweisbar ist? Dies lässt sich nur verständlich machen, wenn wir die Relationenlogik hinzuziehen. Denn wenn wir sagen, dass ein Gegenstand als unabhängig von unserer Erfahrung und unserem Denken seiner Form nach bestimmt werden soll, so können wir dies dadurch tun, dass wir sagen: Die Charakterisierung der Form, durch die ein unabhängiger Gegenstand als derselbe identifiziert wird, kann niemals von irgendeiner *einzelnen* Erfahrung, Darstellung oder Meinung über ihn abhängig sein. Aber wir können die logischen Eigenschaften für jene Relation angeben, die eine *Folge* von Erfahrungen, Darstellungen oder Meinungen zu Darstellungen desselben Gegenstands macht.

Was diese relationenlogische Sicht von Erkenntnis bedeutet, kann man sich vielleicht am besten an der peirceschen Kritik einer philosophiegeschichtlichen Position des Phänomenalismus klarmachen, die behauptet, dass die Existenz der Gegenstände und die Existenz der Wahrnehmung identisch sind. Philosophen wie George Berkeley haben dieses *esse est percipi* postuliert, das Gegenstände mit Ideen in unserem Geist identifiziert, so dass die Dinge aufhörten zu existieren, wenn niemand an sie denken würde. Darauf antwortet Peirce:

»Wenn die Wirklichkeit eines Dings in seiner Übereinstimmung mit der Gesamtheit der Wirklichkeit besteht, so ist es eine völlig unbegründete Extravaganz zu behaupten, dass es aufhört zu existieren, sobald nicht mehr an es gedacht wird. Denn die Übereinstimmung einer Idee mit der Erfahrung hängt im Allgemeinen davon ab, dass sie dem Geist jederzeit aktuell gegenwärtig ist. [...] Dass *die Unabhängigkeit eines Objekts von unserem Denken über es* durch seine Beziehung zur Erfahrung im Allgemeinen begründet wird, hat er [Berkeley] niemals in Erwägung gezogen.« (CP 8.30; übers. v. Vf.)

Die Frage, welche die Erkenntnistheorie mit dem logischen Idealismus verknüpft, lautet deshalb: Was können wir mittels der Relationenlogik über jene Beziehung sagen, die unabhängige Gegenstände zu den Relationen zwischen unseren Überzeugungen und Erfahrungen haben?

Die Erfahrung der Identität von Gegenständen

Wir haben diese Frage beantwortet, sobald wir beschreiben können, welche Relationen und relationenlogischen Eigenschaften die pragmatische Maxime fordert, um die erkenntnistheoretische Leistung der fruchtbaren Klärung und Entwicklung des theoretischen Denkens zu erreichen. Dies werden Anforderungen für Relationen sein, die den Zusammenhang von Wahrnehmen, Denken und Handeln betreffen, die von der traditionellen Erkenntnistheorie aber bisher unbemerkt geblieben sind.

Nehmen wir ein Beispiel: Sie gehen durch eine Stadt. Plötzlich sehen Sie auf dem Bürgersteig »etwas Braunes« liegen. Sie treten näher. »Da liegt ja eine Geldbörse!« rufen Sie aus. Sie bücken sich nach ihr und stecken sie ein. Es scheint trivial zu sagen, dass in diesem Fall mein Urteil für mein Handeln wichtig ist. Hätte sich »etwas Braunes« bei näherem Hinsehen als Hundekot herausgestellt, hätten Sie es wohl kaum eingesteckt. Doch was für eine Art von Beziehung zwischen dem Wahrgenommenen, Gedachten und dem Handeln muss bestehen, damit dieses Zusammenspiel effektiv und richtig, d.h. normativ an einem Handlungsziel gemessen, gut funktioniert? Darauf antwortet der Pragmatismus: Wir haben schon immer Überzeugungen, Gedanken, deren jeweilige Anwendung in der Vielzahl der konkreten Fälle unbestimmt ist, die jedoch durch die Beziehung zwischen einem besonderen Handlungsziel und den situativen, wahrnehmungsgestützten Überzeugungen eine konkrete Bedeutung gewinnen. Die pragmatische Maxime ist eine methodische Anweisung, die den Zweck hat, die Klarheit unserer Gedanken durch das Nachdenken über die praktische Anwendbarkeit eines Gedankens zu erhöhen: »Überlege, was für Wirkungen, die denkbarerweise praktische Bedeutung besitzen können, wir vom Gegenstand unseres Begriffs in unserer Vorstellung erfassen. Dann ist unser Begriff dieser Wirkungen unser ganzer Begriff des Gegenstands.« (CP 5.402; EP1, 132; übers. v. Vf.). Peirce schlägt hier vor, dass unser erkenntnisorientiertes Denken den theoretischen Begriffen und Überzeugungen aufgrund der mit ihnen verknüpfbaren praktischen Wirkungen einen konkret klärenden Gehalt zuordnen kann. Was ist hier mit »praktischen Wirkungen« gemeint? Zunächst ist damit *nicht* gemeint, dass wir uns auf erfolgreich durchgeführte Handlungen als isolierte faktische Ereignisse in der Welt beziehen. Vielmehr geht es um die Beziehung zu *Überzeugungen*, die selbstkritisch kontrollierbares und konkret ausweisbares, also künftiges Handeln betreffen.[20] Dabei ist eine Bedingung entscheidend: Eine Überzeugung über praktische Wirkungen kann nur dann eine theoretische Überzeugung klären, wenn beide *denselben* Gegenstand betreffen. Dieses identische Objekt muss durch das Einbeziehen der Überzeugung über praktische Wirkungen umfassender, detaillierter und konkreter charakterisiert werden, damit eine Klärung möglich ist.

Die pragmatische Maxime fordert uns auf, eine Ordnung herzustellen, die unsere theoretischen Überzeugungen zum Ausgangspunkt hat. Damit das möglich ist, werden die logischen Eigenschaften dieser Ordnung unseres Wissens weitgehend die Bedingungen einer relationenlogischen Ordnungsrelation erfüllen. Diese Art der Relationen hat Peirce formal in seinen Arbeiten zur Relationenlogik um 1870 behandelt und in diesem Zusammenhang auch die Logik der Identitätsrelationen diskutiert. Die heutige formale Logik bezeichnet eine solche Ordnungsrelation als Halbordnung: Sie ist transitiv, reflexiv und antisymmetrisch. Eine Relation der Halbordnung ist dann gegeben, wenn eine Relation R sowohl reflexiv, d.h. $\Lambda x\ (xRx)$, antisymmetrisch, d.h. $\Lambda x\ \Lambda y\ [(xRy\ \&\ yRx) \rightarrow (x = y)]$ und transitiv, d.h. $\Lambda x\ \Lambda y\ \Lambda z$ $[(xRy\ \&\ yRz) \rightarrow (xRz)]$ ist. Reflexivität ist die Selbstbeziehung jedes in dieser Relation stehenden Objekts. Die Eigenschaft der Anti-Symmetrie verlangt die Unumkehrbarkeit der Relation: Zwei Objekte, die durch die Relation geordnet sind, folgen in nur einer Richtung aufeinander – dies gilt z.B. für die zeitliche Beziehung zwischen Vergangenheit und Zukunft. Für die Ordnung eines Zusammenhangs von interpretierenden Überzeugungen ist jene bereits bekannte komplexe relationale Eigenschaft, die Transitivität, am wichtigsten. Sie beschreibt die Verknüpfung von mindestens drei Termini einer Relation.

Nehmen wir einige Beispiele, in denen die Eigenschaft der Transitivität offensichtlich ist. Alle Einschlussbeziehungen sind transitiv. Aus »Bamberg liegt in Bayern, und die Schimmelsgasse liegt in Bamberg« kann ich folgern »Die Schimmelsgasse liegt in Bayern«. Wir sahen bereits: Die meisten syllogistischen Beziehungen zwischen zwei Prämissen und einer Konklusion weisen die Eigenschaft der Transitivität auf. Peirce entwickelt die logisch-methodologische Bedeutung dieser relationenlogischen Eigenschaft aber auch anhand einer klassischen Formulierung. Denn bereits Aristoteles hat das so genannte *Nota-Notae*-Prinzip formuliert: »Wenn etwas von Etwas als seinem Subjekt ausgesagt wird, so muß alles, was von dem Ausgesagten gilt, auch von dem Subjekt gelten.«[21] Eine nahe liegende satzlogische Interpretation dieses Prinzips besagt: Hier wird die Eigenschaft der Transitivität eingesetzt, um das Verhältnis von Subjekt, Prädikat und jedem weiteren Prädikat im Verhältnis mehrerer Aussagen über denselben Gegenstand zu beschreiben. Darin besteht die philosophische Leistung der Relationenlogik. Sie stellt eine Sprache bereit, die den Übergang vom Unbestimmten und Impliziten in eine Beziehung zwischen Aussagen ermöglicht und in der relationalen Form des Erkannten beschreibbar macht.

Wenn wir sehen wollen, welche relationenlogischen Eigenschaften der Beziehung zwischen Aussagen und Zeichen etwas über das unabhängige Objekt der Darstellungen aussagen können, so benötigen wir einen weiteren Begriff: den Begriff der Identität der Objekte. Peirce verwendet in seinen Schriften über Logik und Semiotik anstelle des Begriffs der Selbstidentität den Begriff der »transitiven« oder »triadischen« Identität. Dieser Begriff der Identität macht sie zu einer komplexen Eigenschaft, die an die Ordnung von Begriffen und Überzeugungen gebunden ist.

Wenn wir die Frage beantworten wollen, warum etwa der Sommer 2003 so viel heißer gewesen ist als die meisten Sommer der letzten hundert Jahre, dann wollen wir einen Sachverhalt richtig verstehen und erklären können. Es geht uns um konkrete

einzelne Ereignisse und Gegenstände, über die wir etwas herausfinden, über die wir uns Wissen aneignen wollen – die Tempera-
turen in den Monaten Juni bis September 2003. Der gesuchte
Zusammenhang von Erkenntniserwerb und Relationenlogik ergibt sich, weil in der Relationenlogik gezeigt werden kann, dass
die logische Ordnung der Gedanken und der Erfahrung, die
durch Zeichenbeziehungen hergestellt wird, zweierlei Form haben kann: Einmal wird sie so gestaltet sein, dass sie die Identität
von unabhängigen Objekten meines Wissens bewahrt und wei-
tergibt, und einmal kann sie so aufgebaut sein, dass in der Abfolge der Meinungen und Gedanken dieser Zusammenhang ab-
bricht.

Gleichgültig, wie der wirkliche und von meinen Meinungen
unabhängige Gegenstand letztlich beschaffen sein mag; ich werde auf keinen Fall erkennen können, was für ein Gegenstand er
ist, wenn ich den Zusammenhang meiner Erfahrung und Meinungen einfach unterbreche. Dies geschieht z.B., wenn ich für jede Erfahrung einen neuen Namen einführe. Stellen wir uns vor,
dass wir über die Informationen und Erfahrungen A, B, C, D
verfügen. Sie existieren alle als getrennte, isolierte Überzeugungen, Informationen oder Erfahrungen. Wenn ich nun aber weiß,
dass z.B. die Informationen A und B denselben Gegenstand betreffen – z.B. zwei Sichtungen eines gelblichen Sterns an verschiedenen Abenden –, und nun erfahre, dass beide den Abendstern oder die Venus betreffen, so habe ich nicht nur meinen
Erfahrungsvorrat vereinfacht. Ich weiß jetzt auch, dass es weitere
Beobachtungen geben sollte, die unter ähnlichen Umständen
wie A und B, nämlich am Abend an einer benachbarten Stelle
des Sternenhimmels möglich sein sollten. Nun sind C und D
zwei Sichtungen eines Sterns am Morgen und wenn ich nun erfahre, dass das Objekt in beiden Fällen der Morgenstern war, so
habe ich eine weitere Vereinfachung und mögliche Erweiterung

meines Wissens erreicht. Es ist mir dann auch möglich, den nächsten Schritt zu tun. Ich kann dann auch verstehen, was es bedeutet, wenn mir ein Astronom erklärt, dass der Abendstern und der Morgenstern identisch sind: In beiden Fällen handelt es sich um die Venus.

Wie ist der Erkenntnisprozess in diesen Fällen relationenlogisch beschreibbar? Durch das relative Produkt zweier beliebiger Begriffe (Vgl. den Abschnitt zur *Relationenlogik*, S. 87–93): Denn durch die Verknüpfung zweier Begriffe werden einzelne Objekte als Erfüllungsinstanzen identifiziert. Erst durch den so entstandenen Zusammenhang der Begriffe liegt die Identität ihrer möglichen gemeinsamen Objekte fest. Die Identität der Objekte kann damit den (transitiven) Inklusionsbeziehungen zwischen Begriffen untergeordnet werden. Dieser relationenlogische Aspekt der Identität lässt sich auch folgendermaßen ausdrücken: Die Transitivität der Inklusionsbeziehung ist einfacher und allgemeiner als die Identitätsbeziehung zwischen Objekten und kann diese einschließen. Das bedeutet aber auch, dass die Identitätsbeziehung durch eine Inklusionsbeziehung, z.B. durch die Folgerungsbeziehung »wenn-dann«, definiert werden kann.

Der zentrale Satz der peirceschen Identitätstheorie ist die verknüpfte Identität unter mindestens zwei Hinsichten und nicht die Selbstidentität $a = a$. Sie wird vom Satz der Teridentität $a = b$ & $b = c$ ausgedrückt, der die Identität eines Objekts b als Resultat der Verknüpfung zweier Identitäten mit a und c beschreibt. Oder wie Peirce sagt: »Es geht um Identität und Identität, aber dieses ›und‹ ist ein besonderer Begriff, jener der Teridentität.« (CP 4.417) Diese komplexe Form der Identität wollen wir »transitive Identität« nennen.

Wir können jetzt zwei Fragen formulieren: 1. Wie ist die transitive Identität im Ablauf von Erkenntnisprozessen wirksam? Und 2. Kann die transitive Identität das Problem der Unabhängigkeit der wirklichen Gegenstände des Erkennens lösen? Die transitive Identität (bei Peirce auch »triadische Identität«, »Teridentität«) ist autonom und insofern von der Selbstidentität des wirklichen Gegenstands unabhängig, als sie eine Beziehung zwischen kontingenten Identifizierungen behauptet. Sie kommt dann zustande, wenn die Beziehung zwischen einander interpretierenden Aussagen oder anderen Darstellungen es zulässt, die Objekte dieser Aussagen miteinander zu identifizieren. Dies veranschaulicht ein Beispiel, das von Peirce stammt. Es zeigt, wie eine Folge von Erfahrungen einer Person objektgerichtet über die transitive Identität vereinheitlicht werden kann:

»Ich sehe einen Mann am Montag. Am Dienstag sehe ich wiederum einen Mann und rufe aus: ›Aber das ist ja derselbe Mann, den ich Montag gesehen habe.‹ Wir können mit ausreichender Genauigkeit sagen, dass ich seine Identität direkt wahrgenommen habe. Am Mittwoch sehe ich einen Mann und sage, ›Das ist derselbe Mann, den ich am Dienstag gesehen habe, und folglich ist er derselbe, den ich am Montag sah.‹ Hier handelt es sich um ein Erkennen einer triadischen [d.h. transitiven] Identität, aber sie kann nur als Folgerung aus zwei Prämissen erzielt werden, was selbst eine triadische [d.h. transitive] Beziehung ist. Wenn ich zwei Männer gleichzeitig treffe, kann ich sie durch direkte Erfahrung nicht beide mit einem zuvor getroffenen Mann identifizieren. Ich kann sie nur miteinander identifizieren, wenn ich sie nicht als genau dieselbe, sondern als zwei unterschiedliche Erscheinungen desselben Mannes betrachte.« (CP 1.346; übers. v. Vf.)

Das zweimalige Auftauchen eines Mannes, das jeweils unabhängig erfahren wurde, ist die Bedingung dafür, ihn bei einer dritten Gelegenheit als denselben identifizieren zu können. Die beiden Begegnungen haben dieselbe Beziehung zum Objekt wie zwei Zeichen zu einem unabhängigen Objekt, das ihnen vorausliegt. Die Antwort auf die erste Frage lautet also, dass die transitive Identität einen zeitlich differenzierten gegliederten Ablauf von

mindestens zwei Erfahrungsereignissen (Erscheinungen) voraussetzt. Die zweite Frage ist dagegen nur teilweise zu beantworten:
Wir werden sehen, dass die transitive Identität die Möglichkeit
schafft, unser Denken gegenüber den Gegenständen offen zu
halten, die für uns alles sind, was wir als unabhängige Gegenstände identifizieren können.

Der Pragmatismus und das Erkenntnishandeln des Menschen: Die relationalen Eigenschaften des Denkens und Handelns

Welche Bedeutung hatte diese Sichtweise der Transitivität von
Gegenständlichkeit und Erfahrungsverlauf für den Pragmatismus? Ich meine, dass sie sehr bedeutsam war, denn die transitive Identität des Gegenstandes in der Folge der Interpretationen wird von der pragmatischen Maxime in eine Interpretations-
und Erkenntnisregel umgesetzt. Wie wir gesehen haben, verlangt
diese Maxime *relevante* Interpretationsbeziehungen zwischen
einem theoretischen Begriff und praktischen Wirkungen. Diese
Relevanz der Interpretation durch die Praxis kann nicht durch
Selbstidentität, sondern nur durch die transitive Identität gewährleistet werden. Erst wenn eine transitive Identität zwischen
zwei Interpretationen herstellbar ist, kann z.B. das Objekt eines
Begriffs durch Überzeugungen über praktische Wirkungen näher geklärt werden. Gehen wir noch einmal auf Peirces Beispiel
der beiden Identifikationen eines Mannes zurück. Wenn wir die
Identifikation am Dienstag (am Dienstag sehe ich wiederum einen Mann und rufe aus: »Aber das ist ja derselbe Mann, den ich
Montag gesehen habe«) durch

(1) $a = b$

ausdrücke, so setzt dies voraus, dass ich den Mann, den ich identifiziere, bereits kenne. Am Mittwoch erfolgt die nächste Identifikation, die gleichzeitig die Verbindung zur ersten Begegnung
herzustellen erlaubt (»Das ist derselbe Mann, den ich am Dienstag gesehen habe, und folglich ist er derselbe, den ich am Montag sah.«). Wir können ihre Struktur durch

(2) $a = b$ & $b = c$; also: $a = c$

darstellen. Ist ein solcher identifizierender Übergang möglich,
dann können wir die Folge der Interpretationen offen halten und
um einen Schritt fortführen.

Doch warum wird die transitive Identität des Objekts der
Interpretationen von der pragmatischen Maxime nicht direkt
gefordert? Tatsächlich fordert die pragmatische Maxime nicht
explizit, dass jede transitive Relation zwischen einem theoretischen Begriff und praktischen Wirkungen mit einer expliziten
Folgerungsbeziehung zwischen in Aussagen formulierten Überzeugungen gleichwertig ist. Wir sahen bereits oben, dass diese
Maxime eine Interpretationsbeziehung zwischen theoretischem
Begriff und praktischen Wirkungen verlangt. Wir sahen auch: Die
geforderte Relevanz der Interpretation durch die Praxis kann
nicht durch Selbstidentität, sondern nur durch die *transitive Identität* gewährleistet werden. Erst wenn eine transitive Identität
zwischen zwei als unabhängig ausgewiesenen Termini hergestellt
ist, können wir dem Objekt eines theoretischen Begriffs einen
Begriff seiner praktischen Wirkungen zuordnen. Nur wenn
diese Bedingung erfüllt ist, kann das Objekt eines theoretischen
Begriffs durch Überzeugungen über praktische Wirkungen ex-
pliziert werden. Die transitive Identität ist die unverzichtbare
Formbedingung für die Darstellbarkeit und Beurteilbarkeit von
praktischen Wirkungen, die die pragmatische Maxime verlangt.

Auf welche Weise die Bedingung transitiver Identität der Objekte Bedingung gelingender Kommunikation bzw. gültiger Interpretationen ist, veranschaulicht ein Beispiel von Peirce. Es zeigt, was geschehen kann, wenn diese Bedingung nicht erfüllt wird:

»Gegen Ende eines heißen Nachmittags sind drei junge Männer noch immer zusammen. Einer von ihnen sitzt in einem Sessel, der andere hat sich auf einem Sofa ausgestreckt, der dritte steht vor einem offenen Flügelfenster mit Blick [...] auf die Piazza di Spagna, und er scheint mit halber Aufmerksamkeit in die Zeitung zu schauen, die ihm soeben gebracht wurde. [...] Nach wenigen Augenblicken durchbricht er die Stille mit den Worten: ›Wahrhaftig, das ist ein schreckliches Feuer.‹ Was meint er? Die anderen beiden Burschen sind zu bequem, um nachzuschauen. Der im Sessel glaubt, daß der Sprecher in die Zeitung blickte, als er diesen Ausruf machte, und schließt daraus, daß es eine Feuersbrunst in Teheran, in Sydney oder an irgendeinem derartigen Ort gegeben hat [...]. Der Mann auf dem Sofa dagegen glaubt, daß der Sprecher aus dem Fenster blickte und daß es unten auf dem Corso oder in dieser Richtung ein Feuer geben muß.« (SB3, 245 f.)

Wir haben die Aussage des ersten jungen Mannes

(3) »Wahrhaftig, das ist ein schreckliches Feuer.«

und dazu zwei Interpretationen, die wir explizit formulieren. Nehmen wir an, sie würden jeweils lauten:

(4) »Irgendwo auf der Welt hat es ein schreckliches Feuer gegeben.«

und

(5) »Unten auf dem Corso ist ein schreckliches Feuer.«

Warum handelt es sich bei diesen Übersetzungen um ein Missverständnis, das einen Identitätsbruch vollzieht? Zunächst einmal bemerken wir, dass sich (4) und (5) in einer Hinsicht nicht unterscheiden: Sie sprechen beide über »ein schreckliches Feuer«. Worin sie sich aber unterscheiden, sind Ort und Zeit dieses Ereignisses, und das bedeutet, dass nicht klar ist, von welchem Objekt in dieser Aussage überhaupt die Rede ist. Dass aber von einem identischen Objekt die Rede sein muss, ergibt sich schon daraus, dass (4) und (5) beanspruchen zu interpretieren, was in (3) gesagt wurde. Gleichgültig also, ob (4) oder (5) die richtige Interpretation von (3) ist, ein Missverständnis muss deshalb vorliegen, weil beide einander hinsichtlich des Objekts widersprechen, auf das sich (3) bezieht. Fassen wir dieses Verhältnis der Aussagen in einer Abfolge von Identitätsbeziehungen zusammen, so ergibt sich das folgende Bild:

Die Aussage (3) entspricht der Identitätsbeziehung (6) $a = b$, die Aussage (4) aber behauptet die Identitätsbeziehung (7) $c = b$, während die Aussage (5) eine dritte Identitätsbeziehung (8) $d = b$ behauptet. Da im geschilderten Fall nur von einem Ereignis, von »einem schrecklichen Feuer« die Rede ist, kann a nicht gleichzeitig mit c und mit d identisch sein. Deshalb haben wir als weitere implizite Annahme (9) $c \neq d$ und deshalb kann nur entweder $a = c$ oder aber $a = d$ gelten, jedoch nicht beides. Was die drei Leute benötigen würden, um zu klären, wer von den beiden jungen Männern die Äußerung seines Freundes missverstanden hat, ist die Identität des Objekts der Aussage (3).

Wir stellen fest, dass in einem Sinne auch die zweite der beiden oben gestellten Fragen positiv beantwortet werden kann. Der Pragmatismus beschreibt eine Methode, die gegenüber einer unabhängigen Wirklichkeit offen ist, weil er uns auffordert, durch die transitive Identität der Objekte Verbindungen zwischen Erkennen und Handeln zu finden. Die pragmatische Maxime ist somit ein Prinzip, das eine an der transitiven Identität des Objekts des Denkens orientierte Ordnung zwischen Begriffen und Überzeugungen zur methodischen Regel macht. Es fordert uns auf, jene Relationen erkenntnistheoretisch explizit zu machen, die gelingendem Erkennen immer schon zugrunde liegen. Diese Öffnung des Erkennens gegenüber dem Handeln und der Erfahrung macht darauf aufmerksam, dass jedes noch so theoretisch-abstrakte Denken letztlich, will es nicht jede Beziehung zum eigenen Leben und zum Mitmenschen, ja sogar die eigene Vernünftigkeit verlieren, die Beziehung zwischen Denken und Handeln berücksichtigen muss.

Identitätsbewahrung:
Pragmatismus als normative Erkenntnismethode

Wenn erst im Zusammenhang der aufeinander folgenden Zeichen die interpretativ relevante Identität eines Objekts hervortritt, dann wird die Identität des Objekts auch von dem Interpretationsverhalten der Kommunikationspartner hergestellt, die diese Zeichen verwenden. Eine Beziehung zwischen Zeichen, die fähig ist, die Identität eines Objekts in einander folgenden Überzeugungen zu sichern, erfordert deshalb deren Charakterisierung und Kritik, die den identitätsbewahrenden von dem identitätsaufhebenden Umgang mit Zeichen unterscheidet. Ihre explizite Fassung in einer Maxime könnte lauten:

Gestalte den Übergang zwischen unterschiedlichen Überzeugungen so, dass ein Zusammenhang zwischen ihnen hergestellt wird, der eine maximale Menge von Informationen so verknüpft, dass alle Objekte unter solchen Aspekten miteinander verbunden werden, die ihre Identität sichern.

Der vereinheitlichende Umgang mit Identitäten und Unterschieden fördert intern die Ökonomie und Konsistenz, die erst das kohärente Zuordnen von Erfahrungen ermöglicht. Von der konkreten, einzelnen Erfahrung mit den Meinungen anderer Menschen in bestimmten Situationen abhängige Einsichten wie z.B.

»Der Peter mit dem roten Buch ist dieselbe Person wie derjenige, den Du den emsigen Spötter genannt hast.«

sind kontingente Identitätsaussagen. Die so verknüpften Überzeugungen, obwohl unterschiedlich und getrennt voneinander erfahren, sind nun zu Überzeugungen über ein Objekt geworden. Man könnte dies eine Forderung der Ethik des Erkennens nennen, wenn wir die innere Kohärenz in der Identität der Objekte unserer Meinungen fordern.

Die übliche Auffassung des Pragmatismus zieht nicht in Erwägung, dass identitätsstiftende Interpretationsbeziehungen für die Bestimmung des pragmatischen Gehalts eines Begriffs oder einer Aussage entscheidend sind. Der Pragmatismus wird üblicherweise nämlich als eine empiristische Theorie der Bedeutung beschrieben, die den Gehalt theoretischer Begriffe auf wahrnehmbare praktische Konsequenzen reduziert. Für Peirce hat der Pragmatismus eine andere Funktion: Er soll einen Beitrag zu einer normativen Methodik jener zweckgerichteten Interpretationen formulieren, die an Erkenntnis – eben der Beziehung unserer Überzeugungen zu den denkunabhängigen und selbstidentischen Gegenständen – orientiert ist, und er soll sie für die Konfrontation mit Aussagen über konkrete, praktische Sachverhalte offen halten, durch die wir unsere Überzeugungen erproben können. Peirces pragmatische Maxime formuliert deshalb explizit ein *normatives* Verständnis einer identitätsbewahrenden Interpretationspraxis.

Die im Pragmatismus geforderte normative Rolle der Identitätsbewahrung führt auch dazu, dass die Logik (zu der Peirce neben der Semiotik auch die Methodologie rechnet) von ihm insgesamt als normative Wissenschaft verstanden wird. Da sie nicht nur irgendein, sondern ein zweckgemäß richtiges Verhalten fordert, sind Logik, Semiotik und Methodologie von den allgemeinen Prinzipien der Ethik abhängig. Denn unter Ethik versteht Peirce eine »Theorie des selbstkontrollierten oder überlegten Handelns«. Insofern aber »Logik [...] die Theorie des selbstkontrollierten und überlegten Denkens« ist, »muß sie sich als solche auf die Ethik stützen.« (PLZ, 41 f.) Die Wahrheit, welche die Identität der Objekte unserer Überzeugungen zur Voraussetzung hat, ist das Ziel allen wahrheits- und gegenstandsorientierten Interpretierens. Eine Methodologie dieses Interpretierens muss deshalb von den Zeichenverwendern fordern, dass sie die Identität der Objekte bewahren.

»Wir denken in Zeichen; und tatsächlich hat das Nachdenken die Form eines Dialogs, in dem man ständig an das Selbst des folgenden Augenblicks appelliert zu billigen [...], dass die Zeichen wirklich die Objekte darstellen, die sie vorgeben darzustellen. Logik ist deshalb fast ein Zweig der Ethik, da sie die Theorie der Kontrolle der Zeichen hinsichtlich ihrer Relation auf ihre Objekte ist.« (NEM, III/2, aus einem Brief an P.E.B. Jourdain vom 5. Dezember 1908).

Im semiotischen Pragmatismus werden Logik und Methodologie unter anderem deshalb zu normativen Wissenschaften, weil die Bewahrung der *Identität der Objekte* unserer Überzeugungen eine den Kommunizierenden gestellte Aufgabe ist. Sie ist explizit zu fordern und kann also akzeptiert oder abgelehnt, erfüllt oder verfehlt werden.

Die Relationenlogik begründet eine pragmatisch und normativ gestaltete Konzeption von Rationalität. Denn die pragmatische Rationalität erlaubt keineswegs einen erkenntnistheoretischen Relativismus, etwa indem sie die Erwägung kontrollierbarer Beziehungen zwischen Handlungen und theoretischen Überzeugungen fordert. Die 1878 von Peirce vorgeschlagene pragmatische Maxime formuliert vielmehr eine Anforderung für den Einsatz unserer Rationalität in Alltag und Wissenschaft. Peirce formuliert sie als Antwort auf die Frage, wie unsere Gedanken zu klären sind, wie wir vorzugehen haben, wenn wir die Klarheit unserer Überzeugungen herstellen wollen – ein überaus rationales Projekt. Formuliert Peirce hier also auch eine Rationalitätsbedingung, die ein logisches Zusammenhangsprinzip fordert? Um zu sehen, was diese Maxime bedeutet, ist es hilfreich, wenn wir sie alltagssprachlich umformulieren. Sie besagt dann:

Wenn du wissen willst, was ein Gegenstand deines Denkens tatsächlich bedeutet, so überlege dir, in welchen Handlungs- und Wahrnehmungssituationen dieser Gegenstand eine Rolle spielt. Dein Verständnis der Bedeutung des Gegenstands kann sich als nichts anderes erweisen als das Verständnis der durch ihn ermöglichten Handlungs- und Wahrnehmungssituationen.

Wieso sollten wir praktische Wirkungen, also Handlungs- und Wahrnehmungssituationen, anführen, um einen klaren Begriff eines Gegenstands zu erhalten? Wenn wir das Ziel verfolgen, die Bedeutung eines Begriffs zu klären, kann seine Bedeutung nicht von unserem Denken abhängen: Es geht uns dann um das, was alle Menschen objektiv unter dem Begriff verstehen. Leute, die darauf bestehen, dass die Bedeutung der Aussage »Dies ist ein Storch« mit dem Hinweis auf eine kleine weiße Maus hinreichend geklärt ist, machen einen Fehler, der zunächst zeigt, dass sie die deutsche Sprache nicht richtig verwenden. Und sie haben, begehen sie Fehler dieses Kalibers häufiger, Schwierigkeiten, sich in unserer normalen Alltagswelt zurechtzufinden und werden von uns nicht mehr als kompetente Gesprächspartner ernst genommen.

Wollen wir die objektive und intersubjektive Bedeutung eines Begriffs klären, so erreichen wir dies, indem wir die durch diesen Begriff zugänglichen situativen Zusammenhänge zwischen Handlungen und Wahrnehmungen erfassen, die aufgrund intersubjektiver und objektiver Bedingungen unabhängig von unserem Denken und Meinen für den Begriff des Gegenstands herstellbar sind. Wie können wir aber die Bedingungen der Intersubjektivität und Objektivität in den Zusammenhang unserer Erfahrung übertragen? Dies, schlägt Peirce vor, tun wir dadurch, dass wir den Gegenstand unseres Begriffs konstant halten. Alles, was in Handlungen und Erfahrungen identisch und unthematisiert bleiben kann – was sich in wechselnden Situationen durchhält –, kann als Gegenstand dienen. Die pragmatische Maxime fordert uns auf, jene kontingenten Identitäten eines Gegenstands unseres Begriffs ausfindig zu machen, die praktische Unterschiede in der Bedeutung zulassen – und ein identisches Objekt bewahren. Ein Gegenstand unseres Denkens ist somit dann geklärt, wenn er durch die Beziehung auf die möglichen Gegenstände unseres Handelns und Wahrnehmens identifizierbar ist, auch wenn sich anderes verändert.

Die pragmatische Maxime schreibt vor, dass wir einen Zusammenhang zwischen Handeln, Wahrnehmen und Denken erfassen sollten, wenn wir unseren Begriff klären wollen. Ich begreife etwas nur dann richtig und klar, wenn ich einen Gegenstand in den unabhängigen Relationen des Handelns und Wahrnehmens erfasst habe, die durch Handeln und Wahrnehmen zugänglich werden. Das relationenlogische Zusammenhangsprinzip, das sich im Bild eines offenen Gewebes von miteinander verknüpften Zeichen veranschaulichen lässt, ist deshalb Ausdruck jener

Rationalitätsanforderung. Die relationenlogische, strukturierende Rationalität ist nur dann wirksam, wenn wir erkennen, wie wir unser Denken, Handeln und Wahrnehmen durch dieses Identifizieren *ordnen* und *verknüpfen* können. Wir setzen diese Rationalitätsanforderung um, indem wir unseren Überzeugungen eine Ordnung geben, die Handlungen und Wahrnehmungen in der Weise einbezieht, dass die Identität des Gegenstands gewahrt bleibt.

Wirklichkeitsoffen ist die pragmatische Maxime dadurch, dass sie Verbindungen zwischen Erkennen und Handeln nach Zwecken fordert, die selbst wohl erwogen und kritisierbar bleiben müssen. In dieser Forderung werden Peirces Semiotik, der methodische Fallibilismus, sein Pragmatismus und seine relationenlogische Auffassung von Denken und Handeln durch den normativen Wert gebündelt, den er der transitiven Identität des Gegenstands unserer Überzeugungen zuschreibt.

6. Semiotik: Die Allgegenwart der Zeichen und die Offenheit der Zukunft

>»Denn [...] der höchste Grad an Wirklichkeit wird nur von Zeichen erreicht; das heißt von solchen Ideen wie jenen der Wahrheit und der Gerechtigkeit.«
>(Brief an Lady V. Welby vom 12. Oktober 1904; S & S, 23)

Der Begriff der Semiotik in der Philosophie der Gegenwart

Was ist Semiotik? Wenn man in eines der üblichen Lexika schaut, erhält man stets eine Worterklärung, die nur einen ersten Hinweis liefert. Etwa den, dass es sich um die allgemeine Lehre von den Zeichen handelt. Diese knappe Auskunft vermittelt nichts von der Begeisterung jenes Neuanfangs, den die Idee einer allgemeinen Semiotik vor etwa dreißig Jahren in der Literaturwissenschaft, Linguistik, Philosophie und in anderen Geisteswissenschaften, aber auch bei einigen Biologen, Architekten, Juristen und Naturwissenschaftlern ausgelöst hat. Die Semiotik ist die *allgemeine* Wissenschaft von den Zeichen, ihren Eigenschaften, Bedingungen und Gesetzen ihrer Formung und Verwendung, weil sie Zeichen über alle Fachgrenzen hinweg verstehen will – Sprachen ebenso wie z.B. Gesten, Spuren im Schnee oder neurophysiologische und physikalische Signale.

Die peircesche Semiotik knüpft zum einen an das *Trivium* der drei mittelalterlichen Wissenschaften (Grammatik, Rhetorik und Logik) an. Peirce entwirft die Semiotik in Gestalt einer *grammatica speculativa,* die den Zusammenhang der Zeichen mit ihren Objekten untersucht. Zum anderen nimmt er die Zeichenkonzeptionen des englischen Empirismus – bei Locke, Hume und Berkeley – auf, die noch in der mittelalterlich-aristotelischen Tradition stehen. Die tatsächlich produzierten Zeichen sind kontingent, abhängig und völlig äußerlich gegenüber den eigentlich bedeutungsvollen *ideas* oder Vorstellungen im menschlichen Geist. Wie wir im dritten Kapitel gesehen haben, hat Peirce schon 1865 die Logik als die Wissenschaft der notwendigen Beziehungen der Symbole auf ihre Objekte definiert. Wie wir sehen werden, ist es diese Auffassung, nach der die Gesetze der Objektbeziehung entscheidend sind, die in der Semiotik auf alle Zeichen ausgedehnt wird. Die Semiotik wird so zu einer Grundlagendisziplin, auf der mit Ausnahme der Phänomenologie alle philosophischen Disziplinen aufbauen. Sie wird insbesondere von der Logik (im Sinne einer Argumentationstheorie) und der Methodologie (zu der z.B. der Pragmatismus zu rechnen ist) vorausgesetzt.

Die philosophische Ausrichtung der peirceschen Semiotik sowohl an Zeichen-, Gegenstands- und Interpretationsbeziehungen unterscheidet sie von den meisten Semiotiktheorien der Gegenwart, insbesondere von denen des Poststrukturalismus. Peirce ist in seiner Semiotik Realist und setzt seine objektiv-idealistische Konzeption von Wirklichkeit um, indem er für jedes Zeichen die Orientierung an einem (zeichenexternen) Objekt fordert. Das Objekt hat deshalb sowohl eine teleologische Funktion im Zeichen als auch die ontologische Funktion, jenes unabhängige Element zu präsentieren, das allein den Zusammenhang der Zeichen bedeutsam macht.

Wenn Peirce definiert, was ein Zeichen ist, so geht es ihm nicht darum zu beschreiben, was man üblicherweise unter einem Zeichen versteht. Er fordert vielmehr eine Beziehung zwischen einem von diesem Zeichen unabhängig Wirklichen, seinem Verstehen und der Mitteilung des Verstandenen als Merkmal für Zeichen in seinem Sinne: »Ein *Zeichen* ist alles, was auf ein Zweites Ding, sein *Objekt,* hinsichtlich einer Qualität auf eine solche Weise bezogen ist, dass es ein Drittes Ding, seinen *Interpretanten,* in die Beziehung zu demselben Objekt bringt.« (CP 1.92; übers. v. Vf.) Anders gesagt: Die Aufgabe der Zeichen ist es, die Welt in Richtung auf ausgewählte unabhängige Objekte hinsichtlich ihrer Eigenschaften zugänglich – interpretierbar – zu machen. Zwar sind Menschen wesentlich Zeicheninterpreten und werden zu Zeichen: Wenn sie sich sprechend und agierend austauschen, treten sie in das Verhältnis einander interpretierender Zeichen. Doch Menschen sind als Mitmenschen auch füreinander unabhängige Wirklichkeiten. Für sich wie füreinander gehen sie nicht in ihrer Rolle im handelnden und sprachlichen Austausch miteinander auf. Die unabhängige, eigenständige Wirklichkeit des individuellen Lebens ist vielmehr jene Tiefe, die wir für uns selbst und für den anderen benötigen. Darauf weist der amerikanische Psychoanalytiker Donald W. Winnicott hin, wenn er darauf besteht, dass »die Akzeptierung der Realität als Aufgabe nie ganz abgeschlossen wird, daß kein Mensch frei von dem Druck ist, innere und äußere Realität miteinander in Beziehung setzen zu müssen«[22]. Der Irrtum der Semiotik etwa Derridas liegt darin, diesen übergreifenden Zusammenhang der vorgelagerten Wirklichkeitsrelationen auszublenden. Eben weil der Versuch, einander und die Wirklichkeit zu verstehen, niemals abgeschlossen ist und die Zeichen- und Interpretationsprozesse alle zwischen- und extramenschlichen Beziehungen durchdringen, bedarf es der normativen Anerkennung der denkunabhängigen Wirklichkeit der Objekte.

Von der Kategorienlehre zur Semiotik

Die Relationenlogik kann für die Semiotik explizit machen, wie sich alles Denken in Begriffen der logischen Beziehungen zwischen voneinander abhängigen Positionen vollzieht. Aber was erfahren wir als so manifest, dass wir es in konkreter Gestalt hier und jetzt denken und mitteilen können? Die konkrete Gestalt der aktual erfahrbaren logischen Beziehungen können wir als Zeichen verständlich machen: Sie haben eine konkret erfahrbare materiale Gestalt. Der Klang meiner Stimme, diese Kreidespuren auf der Tafel sind beides – einerseits sind sie einzelne akustische Ereignisse und Materieteile, andererseits existieren sie nur deshalb, weil sie mehr sind als dieses einzelne Materielle. Sie existieren, weil sie für mich ebenso wie für andere Menschen etwas bedeuten. Die Frage, was sprachliche Bedeutung ausmacht, hat in Sprachphilosophie und Linguistik keine allgemeinverbindliche Antwort gefunden. Der Zusammenhang zwischen der einzelnen materiellen Spur und ihrer Bedeutung als Zeichen für uns ist ein ganz ähnliches Problem.

Es ist offensichtlich, dass hier unterschiedliche Lösungswege und Zuschnitte des Problems möglich sind. Peirces Weg führt zu einer dreistufigen Prozesstheorie der Begriffe, welche ausgehend von der Relationenlogik durch die Kategorientheorie in der Semiotik zu einer Theorie über die Form aller Darstellungen, Ausdrucksformen und Begriffe des Denkens und der Erfahrung verallgemeinert wird. Im zweiten Kapitel haben wir gesehen, dass Peirces Kategorienlehre die grundlegenden Formen aller Begriffe und Darstellungsweisen in einer einheitlichen Dreierkonstellation erfasst. Ihre Grundthese lautet, dass es genau drei elementare und universale Kategorien gibt: Es gibt stets ein Erstes, für das es ein Zweites gibt, während ein Drittes das Erste und Zweite umgreift. Allen Erfahrungen und allen Begriffen liegen implizit diese drei relationalen Kategorien zugrunde. Deshalb sollten auch alle Arten von Zeichen durch diese drei Kategorien rekonstruierbar sein, und wir sollten auch neue, fiktive Arten von Zeichen mit ihnen konstruieren können.

Doch wir wollen und können die Definition des Zeichens aus den Kategorien und der Relationenlogik nicht rein formal ableiten und begründen. Wie jede andere Disziplin hat auch die Semiotik eine durch ihren Gegenstandsbereich begründete Autonomie: Die Definitionen und Prinzipien müssen im Gegenstandsbereich und im Feld der semiotischen Phänomene als brauchbar ausgewiesen werden. Die Definition der Zeichen sollte also das Feld der Phänomene sinnvoll strukturieren können, das durch die Situation der Zeichenverwendung bestimmt wird.

Die Entwicklung der Semiotik:
Die Analyse von Ausdrucks- und Darstellungsformen

Wir wenden uns nun der Beschreibung und Analyse der Zeichenformen mittels der peirceschen Semiotik zu und wollen dieses allgemeine Analyse- und Rekonstruktionssystem auf einem uns allen bekannten Feld von Zeichen entwickeln. Dabei gehen wir von denjenigen Zeichen aus, die unsere natürliche Sprache ausmachen. Eine philosophische Theorie der natürlichen Sprache zu finden bedeutet für Peirce, sprachliche Ausdrucksformen so zu beschreiben, dass sie als Teile von Erfahrungs- und Austauschprozessen bestimmt werden, die durch die relationenlogischen Verknüpfungen der drei elementaren Formen erklärbar sind. Die allgemeine Form der Relation, die das sprachliche Zeichen, die nichtsprachliche Wirklichkeit und die Erfahrung und Interpretation mit dem Verstehen und dem gezielten Handeln verknüpft, sollte durch die dreistellige Zeichenrelation erfasst werden. Sie muss sich allgemein dem Feld der Phänomene, der Sprache wie den anderen Zeichen als angemessen erweisen. Eine der vielen peirceschen Zeichendefinitionen betont diese autonom relationierende Leistung des Zeichens:

»Ein Zeichen ist irgendein *A* in einer Relation *r* zu irgendeinem *B*, seinem *Objekt,* wobei diese Relation *r* darin besteht, daß sie geeignet ist, etwas so zu bestimmen, daß es ein anderes *C,* den *Interpretanten* des Zeichens, hervorruft, der in der Relation *r* oder zumindest in einer analogen Relation zu *B* steht. Also schließt das Zeichen die Idee einer möglichen endlosen Folge von Interpretationen ein.« (SB1, 75)

Charakteristisch für die Zeichenbeziehung ist, dass sie intensional geschlossen ist. Das bedeutet: Die Zeichenbeziehung besitzt eine intensional festgelegte, strukturelle Einheit und dies macht sie gegenüber ihren Elementen unabhängig. Sie besteht auch dann, wenn diese Elemente unabhängig von der Zeichenbeziehung existieren oder spezifizierbar sind. Dafür ein Beispiel: In einem Theaterstück, das getreu ein historisches Ereignis nachspielt, wird ein Dolch gebraucht, um einen Königsmord darzustellen. Zufällig handelt es sich um den Dolch, der tatsächlich zu dem Königsmord verwendet wurde, den das Stück darstellt. Diese Tatsache mag gut für die Reklame des Stücks sein – und vielleicht werden Zuschauer, die darum wissen, auch besonders auf den Dolch achten. Doch der Funktion, die das Requisit im Stück zu erfüllen hat, wird damit nichts hinzugefügt: Es ist eine bestimmte Funktion, die der Dolch im Verlauf des Stücks hat, die allein für seine Bedeutung als Zeichen wichtig ist. Was aber der Zeichenrelation die intensionale Einheit verleiht, ist der Prozess des Bestimmtwerdens durch das Objekt, der das materielle Zeichen und das zweite interpretierende Zeichen miteinander verbindet. Die erste Aufgabe der philosophischen Semiotik besteht darin, die Verbindung zwischen der kategorialen Struktur der Erfahrung und der Oberflächenform der natürlichen Sprachen einsichtig zu machen. Der Erfolg in der Analyse der Sprache ist gleichzeitig auch ein Test dafür, inwieweit die Kategorientheorie und die ihr implizite These von der Relationalität aller Erfahrung unserer Erfahrung angemessen und fruchtbar ist.

Peirces Zeichentheorie ist deshalb von so großer Allgemeinheit, weil sie eine vielseitig anwendbare formale Definition dessen vorschlägt, was unter einem Zeichen zu verstehen ist. Seine Definition der Zeichenrelation fordert für vollständige Zeichen eine transitiv offene Folge von Termini, die durch die Zeichenrelation aufeinander bezogen werden. Diese *allgemeine* Zeichenbeziehung ist die Beziehung eines Objekts (z.B. einer Kirche), eines Zeichenmaterials (z.B. des Fotos der Kirche) und seiner Interpretation (z.B. meiner Identifikation der Kirche bei einem Spaziergang aufgrund des Fotos). Alle peirceschen Zeichendefinitionen fordern die Eigenschaft der Transitivität für die Abfolge der interpretierenden Zeichen. Eine typische Version dieser Zeichendefinition lautet beispielsweise:

»Ein *Zeichen* ist [...] alles, was in einer solchen Beziehung zu einem Zweiten steht, das sein *Objekt* genannt wird, dass es fähig ist, ein Drittes, das sein *Interpretant* genannt wird, dahingehend zu bestimmen, in derselben triadischen Relation zu jener Relation auf das Objekt zu stehen, in der es selbst steht. Dies bedeutet, dass der Interpretant selbst ein Zeichen ist, das ein Zeichen desselben Objekts bestimmt und so fort ohne Ende.« (PLZ, 64)

In dieser Definition wird die relationale Eigenschaft der Transitivität für alle Zeichen für die Forderung einer offenen Folge von interpretierenden Zeichen genutzt. Jedes nachfolgende interpretierende Zeichen ist dann der Interpretant eines ersten Zeichens, wenn zwei Bedingungen erfüllt werden:

(1) die Bedingung der transitiven Identität: Beide Zeichen sollen sich auf dasselbe Objekt beziehen.

(2) die Bedingung der relationalen Zuordnung: Die transitive Identität von Zeichen- und Interpretationsobjekt folgt allein aus der Zeichenrelation selbst, in der Zeichen und Interpretation zum Objekt stehen – und ist somit von dieser Relation abhängig.

Durch diese Zeichendefinition wird die Beziehung auf die Folge der Interpretationen zum Bestandteil des Zeichens. Die bloß zufällige zeitliche Aufeinanderfolge zweier Zeichen, z.B. zweier Äußerungen, genügt nicht, um eine interpretative Zeichenbeziehung zu begründen. Erst indem das interpretierende zweite Zeichen *in derselben Relation aufgrund des ersten Zeichens steht,* kann jedes weitere interpretierende Zeichen sich auf dasselbe Objekt beziehen. Wenn ich also z.B. ein Objekt zwar richtig als »jenes blaue Schiff dort« identifiziere (aber nur deshalb, weil ich zufällig in die richtige Richtung blicke und nicht, weil ich die Äußerung »jenes blaue Schiff dort« verstanden habe), so ist mein Verständnis keine Interpretation dieser Äußerung.

Wie interpretieren wir nun in der Semiotik die auf die drei Bezüge des Zeichens (materielles Zeichen, Objekt und Interpretant) angewendeten Kategorien inhaltlich? Peirce schlägt vor, die erste Kategorie (CP 2.227 f.) als die Möglichkeit, die zweite als die Existenz und die dritte als das Gesetz der Zeichenrelation aufzufassen. Mit dieser Interpretation der Kategorien als Aspekte können wir Peirces bekannteste Prägungen semiotischer Begriffe so erklären, dass sie die drei Korrelate der Zeichendefinition analysieren:

Kategorialer Aspekt	Korrelate des Zeichens		
	Zeichen an sich	Objekt	Interpretant
1: Möglichkeit	Qualizeichen	Ikon	Rheme (in etwa: Begriff)
2: Existenz	Sinzeichen (Token)	Index	Dikent (in etwa: Aussage)
3: Gesetz	Legizeichen (Type)	Symbol	Argument

Diagramm 1: Die drei Trichotomien der Korrelate eines Zeichens von 1903

Welchen Erfahrungen mit Zeichen entsprechen diese Unterscheidungen? Peirce hat die Semiotik einmal als Physiologie der Formen beschrieben, was die Bedeutung der *Materialität* der geformten Zeichen betont. Geht es um das Zeichen als Material, so geht es um seine sinnlichen Eigenschaften, welche die *Möglichkeit* begründen, dass es zum mitteilbaren und interpretierbaren Zeichen wird. Wir beschäftigen uns mit dem Quali-Zeichen, insofern wir z.B. seine Farbe, Form, Größe oder Gestalt manipulieren. Designer, Pressegrafiker und Leute, die Schriften entwerfen, beschäftigen sich also vor allem mit Quali-Zeichen.

Doch einen ganz anderen Aspekt der Zeichen, nämlich ihre *Existenz*, hebe ich hervor, wenn ich ihre sinnlichen Eigenschaften ganz beiseite lasse und das Vorkommen des deutschen Wortes »doch« als erstes Wort in diesem Satz beschreibe. Es geht dann um das an einer bestimmten Stelle existierende Exemplar eines Zeichens. Es kann natürlich beliebig viele Exemplare des »Sinzeichens« oder »Tokens« »doch« geben. Peirce verwendet »Sin« in »Sinzeichen« deshalb in der Bedeutung von »Singular«. Die deutsche Sprache enthält, als Zeichensystem betrachtet, dagegen das Wort »doch« nur ein einziges Mal. Insofern ist »doch« ein »Type« oder »Legizeichen«, das als dieser Type durch allgemeine syntaktische Regeln und Übereinkünfte beschreibbar ist.

Peirces vielleicht berühmteste und wichtigste semiotische dreifache Unterscheidung gliedert die Beziehung eines Zeichens zu seinem Objekt nach kategorialen Aspekten und differenziert nach Ikon, Index und Symbol. Das Ikon verkörpert nur die Möglichkeit der Beziehung des Zeichens auf sein Objekt, weil es eine Eigenschaft oder Form besitzt oder eine Beziehung zu einer Eigenschaft herstellt. Ikons gestatten es, Objekte aufgrund von qualitativen Entsprechungen, Übereinstimmungen in Struktur oder Form (z.B. bei Landkarten), von Ähnlichkeiten und Analogien – aber auch durch qualitative Kontraste zu bestimmen. So kann z.B. ein Farbmuster all diejenigen Objekte bezeichnen, welche eine ähnliche Farbe besitzen. Doch wenn es kein ähnlich gefärbtes Objekt geben sollte, änderte dies nichts daran, dass das Farbmuster diese Farbe besitzt. Ob ein Objekt tatsächlich existiert, ist für die Funktion des Ikons nicht entscheidend.

Nehmen wir z.B. an, ich zeichne ein rundes Gesicht mit einer sehr langen Nase. Gleichgültig, ob ein Mensch mit einer solchen Nase und einem solchen Gesicht existiert, wäre jeder Mensch, dessen Gesicht so beschaffen ist, ein mögliches Objekt dieses Zeichens. Peirce hat die Basis der Übereinstimmungsbeziehung sehr allgemein gefasst: Strukturelle, konventionelle oder formale Eigenschaften, z.B. die Aufeinanderfolge der Wörter im Satz, die geometrischen Formen von Karten, Plänen und die Struktur der Zeichenfolgen in mathematischen Formeln gehören zu den Ikons.

Während die ikonische Objektbeziehung von den Eigenschaften des Ikons selbst, nicht aber von der Existenz des Objekts abhängt, ist für den *Index* genau das Gegenteil richtig. Wenn wir z.B. über einen individuellen Gegenstand, »diesen dort drüben«, etwas wissen und mitteilen wollen, dann muss dieser Gegenstand jetzt existieren. D.h., die Objektbeziehung des Index muss aktual bestehen, um eine indexikalische Zeichenbeziehung zu ermöglichen. Folglich muss die Beziehung des Zeichens zu seinem Objekt auf einer »existenziellen Relation« (CP 6.318; übers. v. Vf.) beruhen, die räumliche und zeitliche Beziehungen einschließen kann. Ein Zeichen, das verwendet wird, um eine existenzielle Beziehung herzustellen (z.B. die Formulierung »dieses Ding dort drüben«, gesprochen in der Nähe des Objekts), ist ein Index. Alle Personal- und Demonstrativpronomina in den natürlichen Sprachen sind, wenn sie als Sinzeichen verwendet werden, Indices. Doch auch der Abdruck eines menschlichen Fußes im Sand indiziert, das dort ein Mensch entlanggegangen ist. Der Wetterhahn, der sich in den Wind dreht, indiziert nur dann zutreffend die Windrichtung, wenn wir zu Recht annehmen, dass seine Bewegung von dem im Augenblick wehenden Wind verursacht wurde. Die existenzielle Relation des Index kann auch die Sinne, die Erinnerungen und die Denkgewohnheiten einer Person einbeziehen oder sogar nur zwischen geistigen Zeichen bestehen: insofern nämlich zwischen Wahrnehmungen, Erinnerungen und Gedanken feste, »indizierbare« Verbindungen vorliegen. Das kann z.B. beim Nachdenken eines Mathematikers über eine formale Konstruktion oder in einer fiktionalen Erzählung der Fall sein. Es ist kein Einwand gegen die besondere Leistung des Indexaspekts, dass die Interpretierbarkeit, z.B. eines Thermometers, auch von konventionellen Komponenten wie Beschriftung, Verwendungs- und Interpretationsregeln ergänzt werden kann. Denn eine Beschriftung allein ist niemals in der Lage, eine unabhängig variierende existenzielle Relation in den Zeichenzusammenhang einzubeziehen.

Im Unterschied zu Ikon und Index ist im Falle des *Symbols* die Objektbeziehung sowohl von den Eigenschaften des Zeichens als auch von der Existenz des Objekts unabhängig. Die Objektbeziehung kommt dadurch zustande, dass es eine Konvention, Gesetzmäßigkeit oder Gewohnheit der Interpretation z.B. in einer Gemeinschaft von Interpreten gibt, ein Zeichen als

Symbol einer Klasse von Objekten zu verstehen. Kurzum, ein Zeichen symbolisiert sein Objekt, weil es so interpretiert wird. Wenn, wie im Falle der Laut- und Schriftsprache, die Beziehung des Zeichens also vollständig von der Regelmäßigkeit künftiger Interpretationen oder einer bereits bestehenden Konvention abhängt, so handelt es sich um ein Symbol. Deshalb ist es gleichgültig, welche Art von Laut-, Schrift- oder Bildmaterial wir verwenden, um ein Symbol auszudrücken. Anderseits gilt: Wenn ein Symbol nicht interpretiert wird, hört es auf, ein Zeichen zu sein.

Es ist durchaus möglich, dass sich an einem einzigen Zeichen ikonische, indexikalische und symbolische Aspekte der Objektbeziehungen in unterschiedlicher Stärke überlagern: So kann es Formen von sprachlichen Symbolen geben, die ikonische und indexikalische Zeichen einbeziehen.

Die dritte Trichotomie betrifft die Weise, in der ein Zeichen seinen Interpreten beeinflusst, und unterscheidet Begriff, Aussage und Argument. Dies ist die sprachphilosophisch wichtigste Dreiteilung. In ihr geht es um die funktionale Autonomie der Zeichenrelation, die sich so selbst bestimmt. Denn erst die Interpretation vollendet die Zeichenbeziehung: Jedes vollständige Zeichen ist insofern vereinheitlicht, als eine neue dreistellige Zeichenrelation entstehen kann, die sich auf dasselbe Objekt bezieht. Jedes vollständige Zeichen ist auf ein interpretierendes zweites Zeichen, den »Interpretanten«, und damit auf eine mögliche Folge von Interpretationen bezogen.

Wenn ein Objekt so dargestellt wird, dass es von der Interpretation einer qualitativen Möglichkeit abhängig ist – oder als Spezifikation einer Klasse –, so liegt ein »Rhema« (Begriff, Terminus) vor. Ein Begriff kann weder wahr noch falsch sein. Seine Aufgabe ist es, die Idee einer natürlichen Klasse zu vermitteln. Der Begriff »Ferkel« beispielsweise evoziert eben nur die Vorstellung von der »Art eines möglichen Objekts« (CP 2.250, 1903;

Peirce 1983, 125), zu der jedes einzelne Ferkel gehören würde, gleichgültig, wie sehr es sich von anderen Exemplaren derselben Art unterscheidet.

Ein Begriff betrifft nur die Möglichkeit und nicht die vollständig dargestellte Interpretation. Dagegen wird durch das »Dikent«, das zweite Zeichen der Interpretantentrichotomie, eine auf Einzeldinge eingeschränkte Art der Interpretation vollzogen. Dem Dikent entsprechen die normalen Aussagesätze in natürlichen Sprachen. Das Dikent ist eine ideale, rein wahrheitsdefinite Aussage und vermittelt eine entscheidbare Information über ein existierendes Objekt. Sprachliche Aussagen sind nur dann als Dikents beschreibbar, wenn sie wahrheitsfähig sind und eine klar informative Bedeutung haben, also einen Sachverhalt ausdrücken.

Das »Argument« stellt keine Sachverhalte dar, sondern bringt eine logische Beziehung zwischen Aussagen zum Ausdruck. Es ist die dritte und vollständigste Form des Interpretanten. Ein Argument abstrahiert vom Wahrheitswert der Aussagen, was nicht heißt, dass es den Wahrheitswert ausschließt. Vielmehr stellt es eine darüber hinausgehende logische Beziehung her. Ein Argument ist ein »rational überzeugendes Zeichen« (MS 478, 1903). Jedes Argument schließt den Anspruch ein, dass es eine gültige Gesetzmäßigkeit oder Regel des Übergangs von allen ähnlich beschaffenen Prämissen zur Konklusion gibt.

Mit diesen Unterscheidungen der relationalen Aspekte lassen sich alle Eigenschaften aller Zeichen in zehn Zeichenklassen zusammenfassen. Jede Zeichenklasse wird dabei durch eine Kombination von jeweils einem der drei Aspekte aller drei Korrelate des Zeichens – Zeichen an sich, Objekt und Interpretant – beschrieben. Nicht alle Kombinationen der drei Aspekte der Zeichenkorrelate sind sinnvoll möglich. (So kann z.B. ein Argument niemals ein Index sein, da es etwas aufgrund einer logischen Regel bezeichnet; ein Qualizeichen kann niemals mehr als eine Möglichkeit bezeichnen.) Der Name der jeweiligen Zeichenklasse ist in Versalien geschrieben:

I. Rhematisch-ikonisches QUALIZEICHEN
II. Rhematisch-ikonisches SINZEICHEN
III. RHEMATISCH-INDEXIKALISCHES SINZEiCHEN
IV. DIKENTISCHES-indexikalisches SINZEICHEN
V. Rhematisch-IKONISCHES LEGIZEICHEN
VI. RHEMATISCH-INDEXIKALISCHES LEGIZEICHEN
VII. DIKENTISCH-INDEXIKALISCHES LEGIZEICHEN
VIII. RHEMATISCHES SYMBOL Legizeichen
IX. DIKENTISCHES SYMBOL Legizeichen
X. ARGUMENT Symbol Legizeichen

Die erste Zeichenklasse besteht z.B. aus Qualizeichen, wobei die rhematisch-ikonischen Aspekte untergeordnet sind. Die Qualität, die ein Zeichen ist, lässt sich nur rhematisch als Begriff interpretieren und nur ikonisch aufgrund der Qualität auf ein Objekt beziehen. Argumente, die zehnte Zeichenklasse, können nur als symbolische Legizeichen, aufgrund einer konventionellen Objektbeziehung und syntaktisch allgemeinen Ausdrucksform, sprachlich dargestellt werden. Der jeweilige Name der Zeichenklasse – z.B. Qualizeichen, Argument – betont also den jeweils bestimmenden Aspekt.

Weitere wichtige Beziehungen zwischen Zeichenklassen ergeben sich dadurch, dass wir stets zwischen den tatsächlich verwendeten einzelnen Zeichenexemplaren, den Tokens (Sinzeichen) und den Types unterscheiden müssen. Denn jedes tatsächlich verwendete Zeichen irgendeiner Zeichenklasse wird zum Verwendungsereignis oder Token. Die Interpretation eines Zeichens hat zu berücksichtigen, ob es als Exemplar einer höheren Klasse von Zeichen aufgefasst werden kann. So gehört ein natürlicher Artbegriff wie z.B. »Katze« in die VIII. Zeichenklasse und ist ein rhematisches Symbol, das nur »mit seinem Objekt durch eine Verknüpfung allgemeiner Vorstellungen verbunden ist« (CP 2.261, 1903; PLZ 130). Jedes Verstehen eines rhematischen Symbols, also z.B. des Wortes »Katze« in diesem Augenblick, kann nur von einem Exemplar dieses Symbols ausgehen. Doch jede separate Äußerung des Begriffs »Katze« — etwa als verkürzte Aussage — gehört zur III. Klasse der rhematisch-indexikalischen Sinzeichen. Jede der zehn Klassen von Zeichen ist gebildet durch eine Kombination von drei kategorialen Aspekten.

Peirce hat noch weitaus komplexere Zeichenklassifikationen mit bis zu 66 (und mehr) Zeichenklassen erwogen. Sie entstehen dadurch, dass zwischen zwei Arten von Objekten, dem unmittelbaren und dem dynamischen Objekt, unterschieden wird. Das unmittelbare Objekt ist definiert als die Idee des Objekts, das im Zeichen wirksam ist. Dagegen bezeichnet er als dynamisches Objekt dasjenige Objekt, das unabhängig vom Zeichen existiert und wirksam ist. Diesen beiden Objekten stehen dann drei Interpretanten gegenüber: der unmittelbare, der dynamische und der finale Interpretant. Keiner dieser Versuche ist jedoch mit derselben Vollständigkeit ausgearbeitet worden wie der hier vorgestellte mit seinen zehn Zeichenklassen.

Die Zeitstruktur des Geistes: Semiotische Prozesse, logische Selbstkontrolle und der menschliche Weltzugang

Peirces prozesslogische Konzeption des Geistes sowie ihre Formalisierung in einer Relationenlogik und Kategorientheorie bilden den Rahmen der dargelegten semiotischen Analysen. Dieser Ansatz wird dadurch umgesetzt, dass Zeichen als Produkte eines dreistufigen Prozesses der differenzierenden kategorialen Bestimmung erklärt werden, die in alle genuinen Zeichenbeziehungen eingehen. Doch was heißt hier »differenzierende kategoriale Bestimmung genuiner Zeichenbeziehungen« und warum ist dieser Prozess der Bildung von Ausdrucks- und Darstellungsformen philosophisch bedeutsam? Was zeigt er uns über das Verhältnis des Menschen zur Wirklichkeit?

Zunächst müssen wir negativ feststellen: Es handelt sich nicht um die Bestimmung durch einen physikalischen Prozess, der z.B. in mechanischen Beziehungen einer Abfolge von Ursachen und Wirkungen zwischen zwei Körpern besteht. Peirce betont: »Das tatsächliche Fallen des Steines ist eine Sache, die nur den Stein und die Erde zu der betreffenden Zeit betrifft. Dies ist ein Fall von *Reaktion*. [...] Aber es gibt auch Wirkung ohne Reaktion. *Dies gilt für die Wirkung des Vorhergehenden auf das Nachfolgende.*« (S&S, 26) Durch was für eine Art von »einseitiger«, nichtphysikalischer Wirkung ohne mechanische Reaktion kann aber ein Zeichen geformt werden? Um die Antwort auf diese Frage zu erhalten, müssen wir zunächst sagen, was ein Zeichen eigentlich »tut«. Zeichen stellen Verbindungen her – zwischen einem Objekt und einem interpretierenden Zeichen. Wir können diesen Interpretanten so weit fassen, dass auch eine Handlung, eine Erfahrung oder eine bloße Empfindung als Interpretant infrage kommt. Was wir aber in jedem dieser Fälle benötigen, damit das Zeichen seine Wirkung der Vermittlung vollziehen kann, ist eben eine einseitige, »reaktionslose« und nicht umkehrbare (antisymmetrische) Bestimmungsbeziehung. Betrachten wir die Zeitbeziehung, so geht es darum, dass der Plan der Handlung und seiner Ausführung vorausliegt. Diese Zeitbeziehung ist nicht auf die physikalische Zeit der Ereignisse reduzierbar. Vielmehr handelt es sich um eine Zeitbeziehung, welche die physikalische Zeit einschließen kann, aber unabhängig von ihr auf einem als »Gegenwart markierten Zeitpunkt« zwischen Zeichen, Gedanken, Erfahrungen oder Ideen besteht: Eben dies ist der durch die gegenwärtige Empfindungs- oder Gefühlsqualität markierte Augenblick. Nur bezüglich dieser »Diskontinuität im aktualen Zeitpunkt« ist die vorhergehende Zeit oder Vergangenheit festgelegt und bestimmt und die nachfolgende Zeit oder Zukunft offen oder unbestimmt. Doch können eben Ideen – Gedanken, Vorstellungen, Begriffe, Zeichen – in diesem Sinn unbestimmt sein, weil ihre drittheitliche Struktur jene Beziehung der Bestimmung des Nachfolgenden herstellen kann.

Diese zeitliche Bestimmung ist nichts anderes als logische Verursachung. Sie ist unserem zielorientierten Denken eigentümlich. Wenn ich mir einen Zweck vorstelle, so muss ich die Welt als bestimmbar, als beeinflussbar denken können. Diese teleologische Perspektive einer nach Zwecken ausgelegten Welt betrifft immer die Zukunft, die als »lebendig, plastisch, und bestimmbar« (S&S, 27) gedacht wird. Sie muss sich wie ein offenes Gewebe über die aktualen Ereignisse legen können, deren faktische Bestimmtheit bereits vollendet und abgeschlossen ist. Dies kann sie nur, indem sie durch die Beziehung auf künftig *mögliche* Bestimmungen der Wirklichkeit hin orientiert ist. Die Beziehung auf Vergangenes als einer bereits vollständig bestimmten und abgeschlossenen Wirklichkeit ist dagegen dyadischer Natur. Erst durch das auf die Zukunft bezogene drittheitliche Moment der Zeichen erhält die Wirklichkeit eine menschliche, nämlich für Verstehen und Handeln offene Seite. Die allgemeine philosophische Bedeutung der Analyse des Zeichens in der Semiotik liegt aus diesen Gründen vor allem in Folgendem: Sie zeigt uns, in welchem Sinne die Welt vom Standpunkt des handelnden Menschen in der Zeit als gestalt- und veränderbar verständlich wird, nämlich insofern uns Zeichen stets Regeln und gesetzeshafte Zusammenhänge an die Hand geben, welche uns erlauben, die Welt der abgeschlossenen, manifesten Tatsachen mit jener der offenen Zukunft durch eine spezielle Relation zu verbinden, die es unserem Handeln erlaubt, unter Berücksichtigung (»Gelegenheit«) bereits bestehender Tatsachen eine Möglichkeit in Wirklichkeit zu überführen.

Am 12. Oktober 1904 beschreibt Peirce in einem Brief an seine Freundin Lady Victoria Welby diese Erschließung der faktischen Wirklichkeit folgendermaßen:

»Was ist der entscheidende Unterschied zwischen einem Zeichen, das einem Geist vermittelt wurde und einem, das nicht vermittelt wurde? [...] Es scheint mir, daß die entscheidende Funktion eines Zeichens darin besteht, unwirksame Relationen wirksam werden zu lassen – nicht etwa sie in Wirksamkeit zu versetzen, sondern eine Gewohnheit oder allgemeine Regel festzulegen, aufgrund derer sie bei Gelegenheit wirken werden. Nach der Lehre der Physik geschieht niemals etwas anderes als daß Teilchen gleichmäßige rechtwinklige Geschwindigkeiten zeigen, wobei die Beschleunigungen ihre verschiedenen relativen Positionen markieren. Alle anderen Relationen, von denen wir so viele kennen, sind [physikalisch] unwirksam. Doch unser Wissen läßt sie auf irgendeine Art wirksam werden, und ein Zeichen ist etwas, durch dessen Kenntnis wir etwas mehr wissen.« (S & S, 31 f.; übers. v. Vf.)

Dass sich die Welt durch die Zeichen als für unser Handeln und Eingreifen offen und in die Zukunft hinein strukturierbar zeigt – das belegt die enge Beziehung zwischen Semiotik und Pragmatismus. Doch was hat die Zeitstruktur der Beziehung zwischen Zeichen und Handlungen mit den Kategorien zu tun, nach deren Schema wir in der Semiotik Zeichen unterscheiden? Diese Frage können wir jetzt beantworten. In der Gruppe der Kategorien sind Erstheit, Zweitheit und Drittheit im Zeichen auf gerichtete Weise dynamisch verknüpft: Erst in der vollen, am weitesten entwickelten Ausprägung der Drittheit ist die kategoriale Einheit vollständig hergestellt. Dies macht eine irreversible Zeitstruktur für alle Zeichen erforderlich. Die kategorial bestimmten

Zeichen sind insofern genuin zeitlich, als sie durch finale, interpretationsgerichtete Prozesse verwirklicht werden. Die letzte Interpretation, die letzte – auch logisch-argumentativ vollständig bestimmte – Meinung dient dabei als eine regulative Idee. Sie legt einen idealen Endzustand für den Verlauf geistiger Prozesse fest, der voraussetzt, dass alle anderen möglichen Interpretationen und Verkörperungen durchlaufen wurden. Peirce betont deshalb: »Der Geist arbeitet mittels finaler Verursachung, und finale Verursachung ist logische Verursachung.« (CP 1.250) Die kategorial spezifizierenden Bestimmungen, die die einzelnen Arten des Zeichens beschreiben, sind Beleg dafür und zeigen genau an, in welchem Sinne es sich bei einem Zeichen um ein final bestimmtes Gebilde handelt. Es geht dabei nicht um finale Verursachung im aristotelischen Sinne, also die Verwirklichung von Zwecken. Peirce hat vorgeschlagen, »final« durch »finitär« – also in etwa »auf ein Ende hin orientiert« – zu ersetzen. Denn das entscheidende Merkmal finitärer Verursachung ist, dass das finitär bestimmte Ergebnis nur allgemein festliegt und jede besondere Realisierung in einem Endzustand zulässt, der die allgemeine Beschaffenheit aufweist (CP 1.211), die durch das Zeichen allgemein antizipiert wurde. Die Relation der zeitlichen Bestimmung, die Zeichenrelation, aber auch das Produkt der Operation der differenzierenden Anwendung der Kategorien stimmen in ihrer Form überein: Sie sind Ordnungsrelationen, die unumkehrbar (antisymmetrisch), reflexiv und fortsetzbar (transitiv) sind. Die Beziehung zwischen den wirksamen, festliegenden und nicht mehr beeinflussbaren Vorstellungen und Ideen (die die Vergangenheit ausmachen) zu den beeinflussbaren, weiterführbaren Vorstellungen und Ideen (die die offene Zukunft bilden) ist also ebenso wie die differenzierende Anwendung der Kategorien eine Beziehung zeitlich-finitärer, unumkehrbarer Verursachung. Blicken wir auf ein Diagramm dieser Zeitbeziehung:

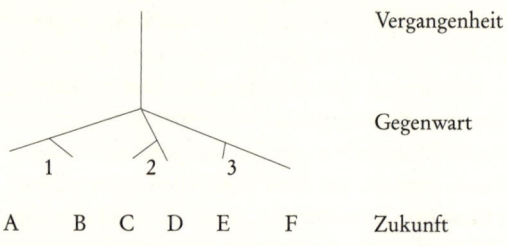

Diagramm 2: Sich verzweigende Zeitbeziehungen

Wir betrachten nur drei Zweige möglicher Zukünfte, die jeweils eine untergeordnete Verzweigung aufweisen. Nehmen wir an, dass der erste Ast für eine Situation steht, in der ich nach Kanada ausgewandert bin. Die Zweige A und B sollen darstellen, dass ich vor der Entscheidung stehen würde, ob ich in Kanada ein Haus auf dem Lande oder in der Stadt baue. Der dritte Ast stellt eine Situation dar, in der ich mich entschieden habe, mich an Softwarefirmen zu beteiligen, so dass die Alternativen E und F für unterschiedliche Verteilungen meines Vermögens stehen. Nun gilt für jeden Verzweigungspunkt: Es kann immer nur eine mögliche Alternative mit allen ihren Bedingungsverhältnissen Wirklichkeit – und damit unveränderliche, aber wirksame – Vergangenheit werden. Nehmen wir den zweiten Ast und den Endpunkt D. Wenn ich z.B. weiß, dass ich mir ein Auto kaufen will, so kann ich das nur dann, wenn ich nicht zuvor – dies soll die Verzweigung zu C darstellen – mein gesamtes Geld für eine kostspielige Weltreise ausgegeben habe. Die eine Linie der wirklichen Vergangenheit entsteht also stets durch Entscheidungen, Handlungen und Ereignisse, die andere Möglichkeiten ausschließen. Die Beziehung zwischen einander ausschließenden Handlungen ist aber durch Zeichen darstellbar, deren Darstellungsleistung im Interpretanten- wie im Objektbezug die speziellen Bedingungen berücksichtigt, die mir als reale Möglichkeiten zur Verfügung stehen.

Wenn wir uns zwischen zwei möglichen Handlungsverläufen entscheiden wollen, so müssen wir wenigstens zu einem gewissen Grade darlegen können, was die Konsequenzen jeder der beiden möglichen Verhaltensweisen wären. Wir hatten im letzten Kapitel gesehen, dass die pragmatische Maxime auf die Konsequenzen einer Aussage aufmerksam macht: Was wäre, wenn ich sie als Regel meines Verhaltens verstehe? Dann gelange ich zu den durch diese Aussage praktisch möglichen Konsequenzen, und mir wird klarer, was sie bedeuten könnte, wenn ich die möglichen Alternativen praktischer Wirkungen überblicke.

Dieser Prozess der Klärung praktischer Konsequenzen einer Verhaltensweise macht eine wichtige Voraussetzung, auf die Peirce hinweist: Sie schließt einen kontrollierten, kritisierbaren Denk- und Zeichenprozess ein. Auch jede moralisch relevante, freie Entscheidung ist davon abhängig, dass das Subjekt mögliche Alternativen seines Verhaltens durchdenken oder sich auf andere Weise darstellen kann. Die Erwägung möglicher Handlungsalternativen ist ein selbstkontrollierter Zeichenprozess, der sich als dialogisches Erörtern mit anderen Menschen oder als innerer Dialog eines Subjekts vollziehen kann. Folglich ist die moralisch verantwortliche Entscheidung eines Einzelnen oder einer Gemeinschaft auch von der Fähigkeit zur logischen Selbstkontrolle und -kritik abhängig. Obwohl die Semiotik in ihren Prinzipen von der Ethik abhängig ist, stehen Theorie und Praxis, wenn wir sie als praktische Aufgaben in Konkurrenz zueinander treten lassen, in einem ganz anderen Verhältnis. Es geht dann in beiden Fällen um die Bedingungen erfolgreicher Praxis. Theorie und Praxis gehen beide von Zeichen aus. Doch da auch jede rein praktische Aktivität ihr Objekt erst herstellen will, dessen Eigenschaften sie vor seiner Verwirklichung nur allgemein und vage

bestimmen kann, bedarf sie der Theorie, welche die bereits bekannten Objekte verständlich macht. »Die Logik zieht es vor«,
schreibt Peirce 1904, »die Theorie als primäre [Bewegung] zu
nehmen.« (NZ, 346) Peirce hat den Zusammenhang zwischen semiotischer und moralischer Kompetenz in späten, noch unveröffentlichten Manuskripten zur Zeichentheorie entwickelt.

Abschließend möchte ich den Status der Semiotik in zweierlei Hinsicht erläutern: Sie ist zwar eine philosophische Theorie,
aber sie ist fruchtbar, weil sie die praktische Seite menschlichen
Denkens und Erkennens verständlich macht. Entscheidend für
dieses Argument ist die Rolle, welche die Kontrolle und Selbstkontrolle von Zeichenprozessen in unserem Leben spielen. Das
logische Prinzip der Selbstkontrolle ist dadurch charakterisiert,
dass Selbstüberprüfung und Selbstkorrektur einander ergänzen
können: »Beim echten Schlußfolgern sind wir nicht an unsere
Methode gebunden. Wir billigen sie mit Bedacht, sind aber auch
stets bereit, sie aufs neue zu prüfen und zu verbessern und unsere Kritik an ihr zu kritisieren – ohne Unterlaß.« (NZ, 332) Da
die Koppelung von Kritik und Korrektur auch für das Zeichenverhalten gilt, ist klar, dass es auch ethische Prinzipien für die
Semiotik gibt. (Einen speziellen Fall haben wir bereits im sechsten Kapitel als das normative Ideal der Identitätswahrung kennen gelernt.) Da es für das Lernen an der Erfahrung keine Grenze gibt und wir deshalb jede Erklärung verwerfen müssen, die
eine Grenze des Wissens als Erklärung ausgibt, können wir auch
für die Selbstkritik keine Grenze zulassen, wenn es sich um eine
logisch akzeptable Form der Selbstkritik handeln soll. Andererseits ist die Selbstkritik, wie andere Prozesse der Interpretation,
niemals vollständig:

»Selbstkritik kann niemals vollkommen perfekt sein. Denn die beste Kritik ist ihrerseits stets für Kritik offen. Aber solange wir zu Selbstkritik

sowie zu weiterer Forschung bereit sind, haben wir in dieser Bereitschaft eine Garantie dafür, dass wir in dem Fall, daß man in irgendeiner Frage überhaupt jemals zur Wahrheit vorstoßen kann, am Ende auch zu ihr vorstoßen werden.« (Ebenda)

Mit dem logischen Prinzip der Selbstkritik beschreibt die Semiotik eine allgemeine Bedingung, unter der die Beziehung zwischen theoretisch als richtig erkannten Aussagen zu Zwecken unseres Handelns steht. Man kann mittels dieses semiotischen Prinzips argumentieren, dass nur solche theoretisch möglichen Zwecke unseres Handelns auch praktisch sinnvoll sind, die mit unserer (künftigen) Freiheit zur Selbstkontrolle vereinbar sind, welche es uns ermöglicht, über das eigene Verhalten zu entscheiden. Die peircesche Semiotik kann auf diese Weise erklären, wie in der sprachlichen Semiosis die Freiheit zu logischer Selbstkritik und -kontrolle zum Ausgangspunkt moralischen Handelns wird. Moralische Freiheit setzt die geistige Freiheit zu (irgendeinem Grad von) Kritik und Korrektur der eigenen Meinungen voraus. Denn dies gelingt nur durch eine Manipulation von Zeichen, die »selbstbewusst und selbstkontrolliert ist« (MS 330, 1906; übers. v. Vf.) und so die bewusste und kontrollierte Wahl von »verallgemeinerten Verhaltensgewohnheiten« ermöglicht.

Darüber hinaus kann das Prinzip der Selbstkontrolle dazu dienen, die Stellung des Menschen in der Natur zu markieren. Dieser Gedanke beschreibt den Zusammenhang, der die Semiotik mit der Metaphysik verbindet, insbesondere mit der evolutionären Kosmologie, die wir im nächsten Kapitel kennen lernen werden. Es ist das Maß an selbstkritisch-logischer Kompetenz des Menschen, das ihn von den Tieren unterscheidet, die zwar ebenfalls Zeichen verwenden, jedoch in der Fähigkeit zur Selbstkorrektur ihrer Zeichenregeln weitaus stärker eingeschränkt sind. Die Unterscheidung zwischen geistig aktiven und anderen lebenden Systemen kann man deshalb so fassen, dass unbegrenzt selbstkontrollierte Verhaltensänderungen für diese anderen Systeme nicht möglich sind.

Wir sehen jetzt, dass nicht nur ein Zusammenhang zwischen Ethik und Semiotik besteht, sondern sich mit semiotischen Begriffen sogar der Platz des Menschen in der Natur beschreiben lässt. In einer semiotischen Kosmologie des Menschen, wie Peirce sie sich vorstellte, sollte nicht nur die ethische Seite logischer Selbstkontrolle, sondern auch ihre schöpferische, theoretische Funktion berücksichtigt werden. Die durch logische Selbstkontrolle ausgebildeten Verhaltensweisen sind »verallgemeinerte Gewohnheiten«, die in diesem Universum völlig neu sein können. Solche neuen (emergenten) Eigenschaften sind einfach das normale Produkt selbstkontrollierter Zeichen- und Interaktionsprozesse. Peirces evolutionäre Kosmologie beschreibt einen Rahmen, in dem Zeichenprozesse eine evolutionäre Funktion in der Geschichte unseres Universums haben können. Ihr selbstkorrektiver Charakter kann sie zu dem komplexesten und selektivsten aktiven Faktor in der Entwicklung des Kosmos machen, jedenfalls soweit er durch den Menschen beeinflusst wird. Denn:

»Die Art und Weise, in der Geist auf Materie wirkt, besteht darin, daß er ihr die Übereinstimmung mit bestimmten besonderen Gesetzen auferlegt, die Zwecke genannt werden, und die Art der Reaktion besteht darin, daß die Zwecke selbst verändert und entwickelt werden, indem man sie ausführt. Die logische Analyse zeigt, daß es wesentlich für die Darstellung ist, daß sie sich dadurch selbst entwickelt, daß sie der Materie Zwecke auferlegt. [...] Die dritte und vornehmste Funktion der Darstellung ist die Entwicklung. [...] Der Prozeß der Entwicklung ist das *summum bonum.* Nur darf man nicht vergessen, daß die Entwicklung der Idee ihre Reproduktion einschließt, ja, daß sie undenkbar und bedeutungslos ist, es sei denn im Rahmen einer Schöpfung. Denn Denken *ist* ein Prozeß, und zwar ein kreativer Prozeß. [...] es gehört im Gegenteil zur essentiellen Natur eines Zweckes, daß er sich nicht auf sich selbst richten kann, sondern sich selbst im Erschaffen entwickelt. Die Darstellung ist auf ihr Objekt gerichtet. Im

Verlauf der rationalen Durchdringung dieses Objekts, des Herausbildens der Statue aus dem Gestein, vollendet sich der Gedanke selbst.« (PLZ, 169)

Die semiotische Struktur der kreativen Entwicklung unserer Zwecke zeigt uns, dass die praktische Bedeutung der Semiotik keineswegs allein in semiotischen Beschreibungen von Kaffeekannen, Werbung oder Gedichten usw. besteht. Die ethische Relevanz der Semiotik ist vielmehr ihre praktische Bedeutung: Individuelle Personen sind Formen der Koordination von Zeichenprozessen. Sie vollziehen durch gezielte Zeichenprozesse die Auswahl und Umsetzung von Ideen, Zwecken und Zielen. Kurzum, der einzelne Mensch ist selbst ein Zeichenprozess, »eine sich selbst entwickelnde Teleologie« (NZ, 206). Die einzelne Person ist, insofern sie sich mit Freunden, Nachbarn und anderen Gesprächspartnern austauscht, durch ihr Zeichenverhalten verwirklicht, mit diesen nicht nur äußerlich verknüpft, sondern teilweise mit ihnen identisch. Zum einen ist die Welt des Menschen nur als veränderbare und in die Zukunft hinein offene Welt verständlich, zum anderen schafft die semiotische Identität des Menschen die Bedingung für die Entwicklung eines Gattungssubjekts.

Für Peirce war die Vorstellung, es gebe eine strikt individuelle Identität, nichts anderes als eine »vulgäre Illusion«. Denn »Ihre Nachbarn« sind »bis zu einem gewissen Grade Sie selbst und in weitaus höherem Maße als Sie, ohne tiefschürfende Studien in der Psychologie, zu glauben geneigt sind« (EP 2, 2; übers. v. Vf.). Einige Schritte weitergedacht, könnte die Konsequenz der semiotischen Theorie des Menschen auch lauten: In einer Hinsicht hängt das Überleben der Menschheit vielleicht davon ab, dass wir lernen, uns mit der umfassenden Gemeinschaft aller Menschen-Zeichenprozesse zu identifizieren. Denn nur durch eine solche Identifikation könnte diese zu einem der Selbstkritik und -korrektur fähigen logischen Subjekt werden. Peirce beschreibt den Menschen als ein Zeichen im Austausch mit anderen Menschen-Zeichen, das seine Persönlichkeit erst dadurch verwirklichen kann, dass es sich als sich selbst entwickelnde Teleologie selbstkritisch hervorbringt.

Dies sind Anforderungen, die unserer aktiv gelebten und verstandenen Zugehörigkeit zur Menschheit weitgehend fehlen. Doch vielleicht haben wir die *Möglichkeit*, eine Welt zu schaffen, in der Menschen überleben, indem sie lernen, sich selbst als Gattungssubjekte zu denken und eine Zukunft ihrer gemeinsamen Welt aus den Zwecken des Handelns selbstkontrolliert zu entwickeln. Wenn wir Peirces kategoriale Semiotik in dieser Weise weiterführen, so gelangen wir zu einer Konzeption von semiotischer Rationalität, die das individuelle Subjekt mit dem Gattungssubjekt Menschheit verbindet.

7. Metaphysik: Die Evolution des Kosmos und die Stellung des Menschen

»Die Vorstellung von einem Universum, in dem Leben, Vielfalt und Struktur nur unwahrscheinliche Zufälle sind, ist daher ein überholtes Relikt einer Wissenschaft des 19. Jahrhunderts. Die Physik des 20. Jahrhunderts muß uns daher zu der Einsicht führen, dass das Universum deshalb so empfänglich für Leben ist, weil es, um überhaupt existieren zu können, voll Struktur und Vielfalt sein muß.«
Lee Smolin, Warum gibt es die Welt?

Anders als viele Philosophen seiner Zeit wie etwa der Positivist Auguste Comte oder die Empiristen Ernst Mach und Karl Pearson hat Peirce eine Metaphysik für sinnvoll und erforderlich gehalten. Menschen sind metaphysische Wesen: »Jeder von uns Menschen besitzt eine Metaphysik und muss sie besitzen, und sie wird sein Leben weitgehend beeinflussen. Um wie viel besser ist es also, wenn die Metaphysik kritisiert wird und man nicht zulässt, dass sie wild wuchert.« (CP 1.129; übers. v. Vf.) Trotz dieses Bekenntnisses zur Metaphysik hat Peirce viele Ansätze der traditionellen Metaphysik heftig kritisiert. Zum einen gehe sie häufig von einem nur ungenügenden Verständnis von Logik (und der Bedeutung der Mathematik) aus oder versuche ganz ohne Logik auszukommen. Peirce war überzeugt, dass Logik und Mathematik die wichtigsten Prinzipien für die Metaphysik bereitstellen. Der Metaphysiker hat ein »Meister der formalen Logik zu sein« (CP 1.624; übers. v. Vf.). Außerdem fehlt es dem traditionellen Metaphysiker an einer erfahrungs- und ergebnisoffenen Methodik, so dass seine Metaphysik zu einem unwissenschaftlichen Unternehmen wird, das von Vorurteilen und intellektuellen Moden geprägt ist. Doch welche erfahrungsoffene Metaphysik – also eine Theorie der allgemeinsten Merkmale der Wirklichkeit – kann Peirce mit dem logischen Idealismus, der Prozessthese auf der Grundlage seiner Logik und Semiotik aufbauen? Kann es eine logikbasierte, wissenschaftliche Metaphysik geben, die das Primat des Geistes und der Logik in eine allgemeine Theorie der materiellen Wirklichkeit umsetzt?

Dieses letzte Kapitel wird das metaphysische Bild der Welt und des Menschen darstellen, das Peirce in seiner evolutionären Metaphysik zeichnet. *Evolutionär* ist sie deshalb, weil die Evolution der universale Prozess ist, der die Prozessthese kosmologisch verallgemeinert. Danach sind der Kosmos und das Ganze der Wirklichkeit – von der Materie der Elementarteilchen bis zum Menschen –, mithin die gesamte physikalische Wirklichkeit, ontologisch evolutionär konstituiert und in der Vielfalt ihrer äußeren Formen wie ihrer Grundstruktur gestaltet worden. Alles ist entstanden und wird einst vergehen. Peirce appelliert an unsere alltägliche Erfahrung: Stets gehen Wachstum und Verfall zusammen, wobei das Wachstum und die Entwicklung dominieren, ob im »Leben eines einzelnen Tieres oder einer einzelnen Pflanze oder eines Bewußtseins«. Gleiches gilt aber auch für die »Geschichte von Staaten, Institutionen, Sprachen, Ideen. [...] Überall ist die Hauptsache das Wachstum und die zunehmende Komplexität.« (NZ, 173) Das radikal Neue an dieser evolutionären Metaphysik ist der Gedanke, *dass selbst die Naturgesetze der Evolution unterworfen sind.* Die Entstehung der Naturgesetze kann man dann nur noch formal und allgemein mit Prinzipien der Mathematik und Logik erklären. Dies ist nicht nur Peirces Überzeugung, sondern beschreibt einige moderne physikalische Kosmologien, die aus der String-Theorie entstanden sind, recht gut.[23]

Auf den ersten Blick hat diese evolutionäre Metaphysik die traditionelle Gestalt einer *Kosmogonie:* Sie erzählt eine Geschichte über die Entstehung und weitere Entwicklung des Kosmos. Kosmogonien wie die Schöpfungsgeschichte der Bibel berichten über die Entstehung der Welt und des Menschen sowie über ihr weiteres Schicksal. Die den Kosmogonien entsprechende wissenschaftliche Disziplin, die Kosmologie, gehört heute zur theoretischen Physik. Wir haben bereits gesehen, dass Menschen einander im kommunikativen Austausch als Zeichen auffassen und die Fähigkeit, dies selbstkontrolliert zu tun, die Stellung des Menschen im Kosmos recht gut definiert. Doch wie genau sind die evolutionäre Kosmologie und das semiotische Wesen des Menschen verbunden?

Kosmologie und Selbstverständnis:
Wie verstehen wir uns selbst und unsere Position im Kosmos?

Inwiefern kann eine Kosmologie an unsere eigenen Erfahrungen anschließen? Zum einen dadurch, dass wir eine Kosmologie in eine Kosmogonie umformen: Wir erzählen dann eine Geschichte darüber, wie wir Menschen und wie ich als dieser eine Mensch an den Platz gelangt sind, den ich und den wir schlussendlich einnehmen. Hier, in der Erfahrung der uns umgebenden, von uns unbegrenzt unabhängigen Wirklichkeit, liegt die Möglichkeit einer kosmologischen Charakterisierung dessen, was Menschen im positiven Sinn zu Menschen macht.[24] Denn es gibt den Kosmos in uns: Wir sind Teil dieses universalen Gefüges und haben nicht nur eine tierhafte, sondern auch eine physische

Seite. Menschen aller Zeiten und Kulturen haben – beunruhigt, angerührt und fasziniert – in einer klaren Nacht zu jenen flimmernden Mustern leuchtender Punkte aufgeblickt, die wir Sterne nennen, und sich gefragt, wie dieses Universum wohl entstanden ist und welches Schicksal es haben wird. An die sinnliche Eindringlichkeit dieser Erfahrung erinnert das Wort »Kosmos«, das von dem griechischen Wort für schmücken, »kosmein«, abstammt. Die Frage, wie der Kosmos entstanden ist, ist eines der ältesten Motive philosophischen und religiösen Denkens. Die Schöpfungsmythen und Religionen aller Völker erzählen von dem Werk der Götter und dem Denken der Götter, die aus einem Urstoff, dem Urchaos oder einer Schlacht am Anfang der Zeit die Ordnung des Kosmos gestalten. Das Johannesevangelium der Bibel beginnt mit dem Satz »Am Anfang war das Wort« und der Beschreibung einer wüsten Welt: dem ordnenden Logos einerseits und dem Chaos andererseits. Und beides können wir erfahren – in individuellen, fast alltäglichen Erlebnissen. Für den einen ist es die Grenzenlosigkeit des Meeres bis zum Horizont, für den anderen sind es die Sanddünen der Sahara, die sich immer neu und immer gleich erstrecken. Es kann auch der Blick ins Mikroskop, in die Welt der Mikroorganismen sein, der eine solche Erfahrung der unbegrenzt unabhängigen, kosmischen Wirklichkeit eröffnet.

Meine eigene kosmologische Erfahrung machte ich bei einem Sommerurlaub im Süden Frankreichs, in der Provence. In jener wolkenlos klaren Nacht schlief ich auf einer Bergwiese in etwa achthundert Metern Höhe, weit entfernt von jeder größeren menschlichen Ansiedlung, weit entfernt von allen Menschen – bis auf einen Freund, der im Zelt schlummerte. Wir befanden uns allein auf dieser Wiese. Nach einem heißen Tag hatte ich mich entschlossen, unter freiem Himmel und nicht im Zelt zu schlafen. Irgendwann mitten in der Nacht erwachte ich und schlug die Augen auf. Über mir stand ein klarer, überreicher, von leicht flirrenden Sternen übersäter Nachthimmel. Je länger ich diese flirrende Vielfalt unterschiedlich farbig leuchtender Punkte ansah – ich entdeckte die unterschiedliche Tönung des Lichts der Sterne in diesem Moment zum ersten Mal – desto unheimlicher wurde mir. Mein Herzschlag beschleunigte sich. Ich begriff plötzlich, dass der Name »Milchstraße« tatsächlich eine angemessene Beschreibung für dieses Band dichten Leuchtens ist. Ein Gefühl des Verlorenseins und Ausgeliefertseins, eine seltsame Angst griff nach mir, eine Ahnung der eigenen Winzigkeit, die dieser grenzenlosen Fülle begegnet und angehört. Die Frage, wie dies alles entstanden war, wirkte schon wieder beruhigend.

Warum kann der Anblick der Sterne fast beängstigend wirken? Es war zum einen die ungewohnte Beobachtung, mich plötzlich selbst als Teil eines Ganzen von kosmischen Ausmaßen erleben zu können. Unsere Städte sind laut und viel zu hell: Die Gegenwart der Sterne erlebt kaum noch jemand als unmittelbar nahe. Dies war noch vor einhundert Jahren anders. Es war eine solche Erfahrung der Gegenwart des Kosmos, die hinter Kants berühmtem Satz steht: »Der gestirnte Himmel über mir und das sittliche Gesetz in mir sagen mir, daß es einen Gott gibt.«[25] Und es waren derartige Erfahrungen, die Peirce in seinen astronomischen und geodätischen Forschungen mit der überwältigenden Gegenwart des Kosmos hatte machen können. Wahrscheinlich sind sie es, die ihn inspiriert haben, eine Kosmologie zu entwerfen, die die Tradition der mythischen Kosmogonien fortsetzt.

Peirces Kosmologie erzählt eine ähnliche Geschichte der Weltwerdung wie die Bibel – eine Geschichte der Entwicklung und des Übergangs vom Chaos zur Ordnung. Die Genesis beginnt mit den Worten: »Am Anfang schuf Gott Himmel und Erde. Und die Erde war wüst und leer, und es war finster auf der Tiefe; und der Geist Gottes schwebte auf dem Wasser. Und Gott sprach: Es werde Licht. Und es ward Licht. Und Gott sah, dass das Licht gut war. Da schied Gott das Licht von der Finsternis und nannte das Licht Tag und die Finsternis Nacht. Da war aus Abend und Morgen der erste Tag.« Der erste Akt der Schöpfung mündet in die Erschaffung der Zeit »des ersten Tages«, der aus der Einführung dyadischer Relationen – Himmel und Erde, Licht und Finsternis – resultiert. Denselben Ablauf schildert auch Peirce, allerdings ohne dass er dabei die Existenz Gottes voraussetzt. Er will die Entstehung der Zeit, der Materie und des Menschen vielmehr aus dem Nichts, dem Chaos, durch einen universalen Prozess der Evolution erklären. Doch wie können wir von einem Zustand sprechen, der »vor« aller Zeit liegt? Diese unser normales Denken übersteigende Aufgabe, das »Entstehen« der Zeit in der kosmologischen Theorie zu erklären, führt dazu, dass der Kosmologe zum Theoretiker des Nichts werden muss:

»Die Metaphysik muß das gesamte Universum des Seins erklären. Sie muß deshalb so vorgehen, daß sie einen Zustand annimmt, in welchem das Universum noch nicht existierte und untersuchen, wie es hätte entstehen können. [...] Der anfängliche Zustand, bevor das Universum existierte, war [...] ein Zustand von einfach überhaupt nichts, nicht einmal ein Zustand der Leere, denn Leere ist etwas. Wenn wir auf logische oder wissenschaftliche Weise vorgehen sollen, müssen wir, um das ganze Universum zu erklären, einen Anfangszustand annehmen, in welchem das ganze Universum nichtexistent war, das heißt einen Zustand eines absoluten Nichts.« (DLU, 370)

Was ist dieses absolute Nichts, das der Fülle des Seins vorhergeht? Es kann nicht als die Abwesenheit von etwas bestimmt sein, wie das »nicht« in »Du bist heute nicht da gewesen«. Es handelt sich auch nicht um irgendein technisch herstellbares (annäherndes) Vakuum. Vielmehr ist es ein Zustand vor dem Beginn jeder *bestimmten* Entwicklung. Es ist ein Zustand vollständiger Unbestimmtheit, in dem alles möglich ist: Alle Möglichkeiten sind in ihm gleichberechtigt und nur zufällig bestimmt. Weil es keine notwendigen Bedingungen für Möglichkeiten gibt, sind sie alle völlig regellos, gleichmäßig (homogen) und in keiner Weise geordnet. Es gibt keine Objekte, weil es keine begrenzbaren Eigenschaften gibt, die man einander zuordnen könnte. Man kann deshalb sagen: Peirces evolutionäre Kosmologie schildert die Entwicklung des Kosmos als eine Entwicklung, die ihren Ursprung in einem nicht zeitlichen Zustand vollständiger Unordnung, Homogenität oder Zufälligkeit hat: Es ist ein Zustand, in dem alles möglich, aber eben nur möglich ist. Damit ist indirekt auch der Endzustand dieser Entwicklung in einer Hinsicht festgelegt: Der Endzustand kann nur ein Zustand vollständiger Notwendigkeit sein, der keinerlei offene Möglichkeit zulässt.

Doch was kann im absolut homogenen und zufälligen Urzustand des absoluten Nichts »vorhanden« sein? Darauf antwortet Peirce konsequent idealistisch, dass dies die einfachste Form von Geist ist, »feeling«: Gefühl oder Empfindung ist für ihn der absolut zufällige Baustein am Anfang aller Wirklichkeit. (Zur Erinnerung: Für die Erkenntnistheorie und die Theorie des Geistes hatte sich die gegenwärtige Empfindung als vorbewusstes Komplement und als das Andere des logischen Prozesses erwiesen.) Dies ist ein weiterer Grund dafür, dass man Peirce als objektiven Idealisten bezeichnen sollte: Das Urelement aller Wirklichkeit ist geistiger Natur, denn es ist nichts als Empfindung oder Qualität (Peirce: »Qualia«). Diese Empfindung hat im Anfangszustand des »Nichts« eine – nicht durch empirische Einschränkungen getrübte – mathematisch-logische Ordnung. Darin zeigt sich die logische Seite seines idealistischen Ansatzes. Die logische Ordnung unserer Denk- und Wahrnehmungsprozesse ist von derselben Art wie die (weitaus einfachere) symmetrische-logische Ordnung des Kosmos im Urzustand. Sie ist eine mathematisch reine, entindividualisierte Ordnung, die sich nur auf kontinuierliche Qualitäten und ihre Abfolge bezieht: »Die Logik strahlt wie das Licht«, schreibt Peirce (DLU, 383), wenn er diese Grundidee seiner Kosmologie zu einer Metapher verdichtet.

Die Evolution des Kosmos ist also jener Prozess, der einfache sinnliche Qualitäten der Empfindung in ständig komplexer und stabiler werdende spezielle Zusammenhänge ordnet: Die Symmetrien des »logischen« Lichts werden in konkret existierende lokale Zuordnung und deren Ordnung gebrochen. Peirce wählt idealistisch-mentale Begriffe, um diesen Grundgedanken zu veranschaulichen. Er schreibt, »dass es am – unendlich weit zurückliegenden – Anfang ein Chaos von nicht personifizierter Empfindung gab, das, ohne Zusammenhang oder Regelmäßigkeit aufzuweisen, genaugenommen ohne Existenz wäre« (NZ, 158). Zeit, Raum, Naturgesetze und die Existenz der Materie sind Ergebnisse unterschiedlicher Phasen der Entwicklung aus dem Urchaos. Die Zeit entwickelt sich aus diesem Zustand erst, wenn es Ereignisse gibt, die dyadische Beziehungen in diesen bereits vom logisch-mathematischen Urzustand der Homogenität des Nichts abweichenden Folgezustand einführen. So wird zusammen mit der Zeit ein lokal begrenztes Moment der Existenz in das Chaos der Unbestimmtheit und Homogenität der zufälligen Möglichkeiten eingeführt. Ereignisse gibt es, weil die Möglichkeiten der Zufallsordnung von Empfindungsqualitäten bereits eingeschränkt sind: »Diese hier und da rein zufällig mutierende Empfindung würde den Keim einer Neigung zur Verallgemeinerung in Gang gesetzt haben. So würde die Neigung zu Verhaltensgewohnheiten ihren Anfang nehmen. Und hieraus würden sich zusammen mit den anderen Prinzipien der Evolution die ganzen Regelmäßigkeiten des Universums entwickeln. Zu jeder Zeit überlebt jedoch ein Element des reinen Zufalls [...].« (Ebenda) Die Bil-

dung von in der Zeit beharrenden, existierenden Dingen vollzieht sich erst dann, wenn es Ereigniskontinua und, im nächsten
Schritt, wenn es relativ konstante Regelmäßigkeiten gibt. Zusammen mit den Einzeldingen treten auch die Naturgesetze als
ein anschließender Entwicklungsschritt auf, der über einzelne
Ereignisse hinausführt. Gesetze werden erklärt als Regelmäßigkeiten der Interaktion zwischen Eigenschaften, Ereignissen und
Ereigniskontinua.

Die Welt des Menschen einschließlich der Entstehung und
Bildung von Galaxien und Sternen findet in der zweiten, mittleren Phase der kosmologischen Evolution statt. In ihr treten Naturgesetze und Zufälle gemeinsam auf, wobei es eine stete Ver-
stärkung der Tendenz zur Zunahme von Gesetzmäßigkeit gibt.
Es bilden sich immer strikter deterministische Regelmäßigkeiten
und Naturgesetze aus. Wir leben in diesem Zwischenbereich, in
dem es Bestimmtheit durch Gesetze und Unbestimmtheit durch
objektive Zufälle gibt. Der Endzustand des Universums wird
dann von vollständig deterministischen Gesetzmäßigkeiten beherrscht und ist vollständig statisch. Jede noch so kleine Spur
des Zufalls ist durch Gesetzmäßigkeit ersetzt worden; die Welt
ist »ein absolut vollkommenes, vernünftiges und symmetrisches
System geworden, in dem der Geist [...] sich auskristallisiert hat«
(NZ, 158).

»Zufall ist das Erste, Gesetzmäßigkeit das Zweite und die Neigung, Gewohnheiten auszubilden, das Dritte«, schreibt Peirce
1891 in dem Aufsatz *Die Architektonik von Theorien* (NZ, 157).
Die beiden Extrema oder Grenzzustände, die durch die Evolution der Gewohnheiten oder Gesetze verbunden werden – also
der Anfangszustand absoluter Unbestimmtheit und Zufälligkeit
und der Endzustand absoluter Bestimmtheit und Gesetzeshaf-
tigkeit – sind idealtypische Fiktionen, die wir uns nur schwer
vorstellen können. Sie schaffen den Rahmen für die Pointe die-

ser Erzählung, die in dem Entwicklungsprozess der kosmologischen Evolution selbst liegt. Dieser kann die Entstehung neuer Regelmäßigkeiten und Naturgesetze mit der Freiheit des Menschen verbinden, durch neue Gewohnheiten des Verhaltens und der Kommunikation, durch Technologien und politische Institutionen seinen Ausschnitt der Wirklichkeit zu gestalten. Peirce überträgt aber nicht einfach die darwinsche Idee der Evolution auf die Kosmologie, um Urchaos und Ende des Universums zu verbinden. Er liefert einen idealistischen Entwurf einer gerichteten und unumkehrbaren Zeit menschlichen Handelns, der kreativen Funktion des Wissens bei der Veränderung der Wirklichkeit und bettet dies in eine »objektive Logik« der Veränderung des physikalischen Kosmos ein.

Man mag vieles an dieser Kosmologie unverständlich und dunkel finden. Viele Details wurden hier fortgelassen, auf viele Einwände gegen diese Konzeption kann hier nicht eingegangen werden. Mir geht es vor allem darum, Peirces Kosmogonie zunächst insgesamt vorzustellen. Jetzt können wir fragen: Was ist mit dieser kosmogonischen Geschichte gewonnen und wie antwortet sie auf die Erfahrung des Eingebettetseins in eine umfassende Wirklichkeit der Natur, in der wir uns ganz körperlich immer schon vorfinden? Rufen Sie sich die geschilderte Erfahrung auf jener südfranzösischen Bergwiese in Erinnerung. Sie begann mit dem Blick in die unermessliche Weite und Vielfalt der Sterne, die mir die *Empfindung* eines Schreckens, ja des Überwältigt- und Verlorenseins einflößte. Der nächste Schritt war das Nachdenken über das, was ich da sah. Ich unterschied zwischen dem Schrecken und mir, der unbegrenzten Weite und Vielfalt des Sternenhimmels und meiner Lage auf der Wiese dort. Ein Verstehen, Einordnen und In-Beziehung-Setzen trat an die Stelle dieser ersten Erfahrung. Ich wurde mir auch bewusst, dass ich jetzt hier auf einer ganz bestimmten Wiese der Provence liege. Vielleicht habe ich alles falsch verstanden, sicher ist auch der Prozess des Nachdenkens, des Wissen- und Verstehen-Wollens der uns begegnenden Wirklichkeit niemals zu Ende. Aber eines ist auf jeden Fall richtig: Der *Verlauf* dieser Erfahrung, der Prozess des Ausgehens von einer Empfindung, die sich Peirce dadurch gedeutet hat, dass er eine Geschichte über sie erzählt, entspricht in seiner *Verlaufsstruktur* der Geschichte des Kosmos. Sie geht ebenfalls von einem Zustand der Empfindung aus. Und diese Kosmologie beschreibt den Weg zur voll entwickelten Wirklichkeit, in der sich Zufall, Gesetzmäßiges und die alltäglichen Dinge mischen, indem sie die Struktur dieses Evolutionsprozesses schildert.

Am Beginn dieses Buchs stand die Behauptung, dass die Position des logischen Idealismus dort klar zum Ausdruck kommt, wo Peirce die Wirklichkeit als dasjenige beschreibt, was wir erkannt haben, wenn wir feststellen, dass die Logik unserer Erkenntnis- und Denkprozesse mit der logischen Ordnung der Wirklichkeit, der »Logik der Ereignisse«, übereinstimmt. An dieser Stelle wollen wir noch einmal einen Blick auf Peirces prozessontologische Wirklichkeitskonzeption werfen:

»Was ist Wirklichkeit? Vielleicht gibt es so etwas überhaupt nicht. Ich habe wiederholt darauf bestanden, dass sie nur eine Retroduktion ist, eine Arbeitshypothese, die wir erproben, unsere einzige verzweifelte verlorene Hoffnung, irgend etwas zu wissen. Wiederum kann es durchaus sein – und es mag ziemlich kühn erscheinen, auf etwas Besseres zu hoffen –, daß die Hypothese der Wirklichkeit, auch wenn sie recht gute Ergebnisse zeitigt, doch nicht völlig dem entspricht, was ist. Doch wenn es irgendeine Wirklichkeit gibt, dann wird, insofern es irgendeine Wirklichkeit gibt, diese Wirklichkeit in Folgendem bestehen: daß es im Wesen der Dinge etwas gibt, was dem Vernunftprozess entspricht, dass die Welt *lebt* und **sich bewegt** und **IHR SEIN HAT** in einer Logik der Ereignisse.« (NEM, IV, 343–345; deutsch in: DLU, 217 f.)

Die Erfahrung der Konfrontation mit einer Wirklichkeit, die meine Körperlichkeit und mein Denken übersteigt, wird durch die geschilderte Empfindung des Schreckens vor einer unbegrenzten kosmischen Realität der Sterne nur forciert und erhält einen konkreten Adressaten. Aber jede mögliche Übereinstimmung, Identifizierung, Ortung durch eine Beschreibung der Entwicklung, die meine eigene Existenz einbezieht, kann nur zutreffend sein, wenn sie die Verlaufsstruktur, also die Logik der sich verändernden Welt, richtig erfasst. Das ist in der Tat Idealismus und es handelt sich um einen logischen Idealismus, weil er fordert, dass in der Entwicklung des logischen Denkens aus den Empfindungen eine Übereinstimmung mit der Veränderung der Wirklichkeit erreicht werden kann. Die evolutionäre Kosmologie liefert den Rahmen, in den hinein ein solches Konkretwerden von Vernunft passt.

Das Problem des absoluten Anfangs:
Die Genesis und die evolutionäre Kosmologie

Nachdem wir Übersicht über die evolutionäre Kosmologie, die Beziehung zum logischen Idealismus und das menschliche Selbstverständnis gewonnen haben, wollen wir von einem Vergleich der evolutionären Kosmologie mit der Kosmogonie der Genesis ausgehen und abschließend eines ihrer ungelösten Probleme aufzeigen. Peirce hat selbst einen solchen Vergleich mit der Genesis angestellt:

»Es wäre nicht richtig, wenn wir nicht unseren angemessenen Respekt zollen würden und uns nicht jenes Philosophen Babylons erinnern würden, von dem, wie es scheint, das erste Kapitel der Genesis geschrieben wurde. Es ist bemerkenswert, daß er doch, obgleich ihm unbewußt, jedes für den ersten Tag benötigte Element erfaßt hat. Sein *tohu wabohu, terra inanis et vacua* [die Erde war wüst und leer] ist das erste unbestimmt keimhafte Nichts. Sein *Spiritus Dei ferebatur super aquas* [der Geist Gottes schwebte auf dem Wasser] ist das Bewußtsein. Sein *Lux* ist die Welt der [Empfindungs]Qualität. Sein *fiat lux* [es werde Licht] ist eine zufällige Reaktion. Sein *divisit lucem a tenebris* [da schied Gott das Licht von der Finsternis] ist das Anerkennen einer notwendigen Dualität. Und endlich ist sein *factumque est vespere et mane dies unus* [da ward aus Abend und Morgen der erste Tag] das Hervortreten der Zeit.« (DLU, 398 f.)

Dies ist die Liste der Elemente, die die evolutionäre Kosmologie einsetzt, um die Entstehung der physischen Wirklichkeit zu erklären, zu der wir gehören:

1. Chaos oder keimhaftes Nichts des Zufalls
2. Geist in Form einer Ordnung von Empfindungsqualität
3. Licht, das durch Ereignisse (Reaktionen) zwischen Empfindungsqualitäten dyadische Relationen herstellt
4. die Entstehung der Zeit, also des ersten Tages, als Folge von Reaktionen zwischen Empfindungsqualitäten

Das Ganze macht in der Bibel Sinn, weil wir einen Schöpfergott annehmen, der diese vier Elemente zusammenbringt. Und diesen Gott verstehen wir nach dem Modell menschlichen Handelns: wie jeder von uns die (mehr oder weniger) zufälligen Vorbedingungen durch zielgeleitetes Handeln, das auch ein zeitlich datierbares Ereignis ist, zu einem Ergebnis umformt, das durch seine Handlung hervorgebracht wird. Der schwierigste Punkt ist dabei unerwähnt und unbeantwortet. Dies ist die Frage, wie es überhaupt eine mögliche Entwicklung geben kann, die vom Chaos des absoluten Zufalls zu irgendetwas Bestimmtem führen kann. Ich kann Peirces Antwort auf diese Frage nicht vollständig darstellen, doch ich will versuchen, sie und ihre Schwierigkeiten zumindest zu skizzieren.

Wie ist also ein solcher absoluter Anfang denkbar? Wenn wir normalerweise Veränderungen im Alltag betrachten, so handelt es sich um unterschiedliche Formen der Veränderung, die an Ereignisse gebunden sind und die unterschiedlich komplex sein können. Ein Auto fährt an mir vorüber, die Knospe einer Rose bricht auf und erblüht, aus einem jungen Mädchen wird eine junge Frau usw. Nach dem Attentat des 11. Septembers 2001 wurde gesagt, dass nun nichts mehr so sei, wie es zuvor war – doch auch dieses bedeutsame Ereignis war eben nur ein Ereignis bzw. eine Kette von Ereignissen, die wir unter diesem Begriff zusammenfassen. Offensichtlich können es aber kein einzelnes Ereignis oder eine Kette von Ereignissen sein, die jene Veränderung bewirken, mit der die Evolution beginnt. Auch nach der heutigen Standardkosmologie, der Urknalltheorie, ist der Urknall kein Ereignis. Denn Ereignisse sind in Raum und Zeit: Der Urknall hat in diesem Sinne nicht stattgefunden, weil er gleichzeitig zu jeder und keiner Zeit und überall und nirgends »stattfand«. Es ist also genauso richtig zu sagen, dass sich der Urknall ereignet hat, wie dass er sich nicht ereignet hat. Der Beginn des Universums ist kein Ereignis, sondern die Begründung der Möglichkeit von Ereignissen. Man könnte den Urknall ebenso wie Peirces ursprüngliches Nichts besser als einen Phasenübergang beschreiben: ein Wechsel in der Art und Weise, wie Ereignisse und Dinge in einem Universum koexistieren und zusammenhängen. Doch auch diese Erklärung macht eine schwerwiegende Voraussetzung: dass es *mehrere* Universen und Weisen gibt, wie Ereignisse und Dinge in ihnen zusammenhängen können. Zur Zeit gibt es keine Möglichkeit, der Redeweise von »Universum« im Plural und einer entsprechenden pluralen »Zusammenhangsweise von Ereignissen und Dingen« einen klaren Sinn zu geben.

Ein uneingeschränkt indeterministischer Zustand, der allen Naturgesetzen und der Zeit entzogen ist, wäre absolut unbestimmt. Aus dem uneingegrenzten Nichts eines solchen unbeschränkt indeterministischen Zustands vor dem Beginn des Universums kann sich nichts *notwendig* entwickeln. In einem vollständig indeterministischen Zustand sind nur Veränderungen *möglich,* die dessen Unbestimmtheit einschränken würden. Denn ein indeterministischer Zustand ist instabil. In ihm ist keine Art von Veränderung *unmöglich.* Also ist auch das Auftauchen der Einschränkung der Unbestimmtheit möglich. Die wahrscheinlichste Entwicklung in einem solchen Zustand ist der Übergang zu der schwächsten möglichen Bestimmtheit. Diese konzipiert Peirce als die Entstehung der *»Einheit* der Qualität (also Empfindung)«. Der Übergang von unbegrenzter Möglichkeit zu bestimmten Möglichkeiten ist deshalb das formale Modell, das die Emergenz der Zeit und der Naturgesetze erklären soll. Dieses formale Modell der Veränderung einer Modalität soll, so Peirce 1898, die Einheitsbedingung der Kontinuität sein, welche diese als Zusammenhang von Qualitäten fasst, die durch ihre logische Ordnung zugänglich sind:

»Wir sehen mithin, daß das bloße Nichts der Möglichkeit logisch zur Kontinuität führt. Nun gibt es zum ersten Mal verschiedene Qualitäten, die *zusammen mit* den anderen vorkommen. [...] bis zu dieser Zeit hatte jede Qualität ein Universum für sich gebildet. [...] Doch jetzt kommen sie alle in einem Universum der Möglichkeiten zusammen, in dem ein jedes entsprechend seiner inneren Natur seinen Ort einnimmt.« (DLU, 379)

Peirces Vorschlag, das Nichts des singulären Anfangszustands durch ein »Universum der Möglichkeiten« zu deuten, die in Kontinua von Qualitäten (oder Empfindungen) geordnet vorliegen, scheint zwar dem Problem des absoluten Anfangs zu entgehen, handelt sich aber viele neue Probleme ein. Wir benötigen z.B. eine starke Mathematik der Kontinuität, um diesem Begriff einen Sinn geben zu können, der über vage erste Intuitionen hinausgeht. Natürlich können wir uns vorstellen, dass Farben hinsichtlich ihrer Intensität graduell geordnet werden. Doch keine graduell abgestufte Farbkarte z.B. von Intensitätsgraden der Farbe »Gelb« kann eine strikt kontinuierliche Ordnung im mathematischen Sinne darstellen. Ein solcher kontinuierlicher Übergang müsste beliebig dicht und allmählich erfolgen. Das bedeutet aber, dass es sich um eine Veränderung handeln würde, die für uns nicht mehr wahrnehmbar wäre.

Die Suche nach der Mathematik und Logik der Kontinuität hat Peirce nie vollenden können, er hat sie aber als den Schlüssel zu dem letzten Rätsel der Philosophie beschrieben. Sie sollte die Grundlage der Theorie der Kontinuität bilden, der Peirce den Namen »Synechismus« gegeben hat: Nach dieser Lehre hat im Bereich der Existenz die Suche nach Verbindungen, Übergängen und gesetzhaften Verknüpfungen ein methodisches und sachliches Primat. Peirces erste Regel, niemals Unerklärbarkeit als eine Erklärung zu akzeptieren und somit keine definitive Grenze für Erklärungen zuzulassen, ist die methodologische Grundlage des Synechismus. Er bildet den mittleren Teil der drei Theoriestücke der evolutionären Metaphysik. Der erste Teil dieser Theorie ist der »Tychismus«, die Lehre, dass es einen absoluten Zufall gibt, der Teil der Wirklichkeit ist. Diese These war zur Lebenszeit von Peirce wohl das größte Skandalon seines Denkens. In unserer Zeit der Quantenphysik und der Thermodynamik irreversibler Prozesse hat sich dieses Urteil völlig gewandelt und Peirce gilt als wichtiger Wegbereiter eines nicht deterministischen Denkens.

Die dritte, höchste und abschließende Theorie, der »Agapismus«, gilt noch immer als völlig obskur und lächerlich. Denn sie besagt, dass eine wirksame Tendenz positiver Anziehung, der Liebe oder Sympathie in der kosmischen Evolution der entscheidende Faktor ist. Wir wollen nun prüfen, ob der Agapismus seinen schlechten Ruf verdient hat.

Die menschliche Seite der Evolution: Liebe als kreatives Prinzip kultureller Entwicklung

Peirces logischer Idealismus wäre unvollständig, würde er nicht Auskunft darüber geben können, in welchem Sinn Geist individuell und gleichzeitig objektiv wirksam werden kann. Wenn Interessen, Zwecke und Ziele objektive Wirksamkeit als Regeln unseres Handelns, Konstruierens und Manipulierens besitzen, dann wird durch die Kraft von zukunftsorientierten Zeichenprozessen effektiv die unabhängige Wirklichkeit verändert. Diese Auffassung von der objektiven Wirksamkeit des individuellen Geistes schließt dessen semiotische Natur ein, geht aber einen entscheidenden Schritt darüber hinaus. Sie soll erklären können, welche objektiven Bedingungen die semiotische Struktur des menschlichen Geistes gestalten können, wenn sie erfolgreich Zwecke bildet und eine tragfähige Zukunfts- und Gemeinschaftsorientierung herstellt. Diese Art von Klärung kann aber nur im Rahmen einer Metaphysik erfolgen, die die Wirklichkeit als offenen Entwicklungsprozess beschreibt. Die evolutionäre Kosmologie sollte deshalb die objektiven Bedingungen der kulturellen und moralischen Evolution des Menschen und damit den evolutionären Beitrag semiotischer Prozesse zur menschlichen Veränderung der Wirklichkeit erklären können. Denn was letztlich dafür sorgt, dass der kreative Prozess des semiotisch spürbaren Geistes, der wir selber sind, im Prozess der Evolution der physikalischen Wirksamkeit wirksam wird, das haben wir noch nicht erläutern können. Die Antwort, die Peirce gibt, lautet: Die geistigen Prozesse eines jeden von uns können erst dann den objektiven Bedingungen der Evolution genügen, wenn sie final, in der Wahl der Zwecke, getragen sind von einer positiven Anziehung, Würdigung, Sympathie oder Liebe dem gegenüber, was qualitativ möglich ist. Diese positive Anziehung zu oder Sympathie mit den positiven Möglichkeiten der Entwicklung bezeichnet Peirce mit dem Begriff »Agape«. Agape oder nicht erotische Liebe ist das Prinzip der Evolution, durch das wir uns eine objektive und menschlich erschlossene Wirklichkeit schaffen.

Wir haben bereits gesehen, dass Peirce Personen als Zeichen oder Ideen versteht. Nun wird diese Gleichsetzung auch umgekehrt: Unter bestimmten Bedingungen werden Zeichen und Ideen zu Personen, weil dann »jede allgemeine Idee das einheitliche, lebendige Empfinden einer Person hat« (NZ, 233). Die entscheidende Bedingung dafür, dass eine Idee die Einheit einer Person erlangt, ist die Haltung der Liebe, die wir zu ihr einnehmen. Wieso kann Liebe (ist sie nicht subjektiv?) die Bedingung der Objektivität menschlicher Zweckorientierungen sichern? Auch wenn die menschliche Position in der Wirklichkeit eine semiotische ist, so gibt es einen unaufhebbaren materiellen Aspekt, den auch die Semiotik berücksichtigt: den »Körper« der Zeichen und die materialen Bedingungen für die Formulierung und Interpretation der Zeichen. Was sind die psychischen, physiologischen und ontologischen Bedingungen für die Fähigkeit des Menschen, eine Haltung wie die Liebe einzunehmen, durch die sich die Entwicklung von Gesellschaft und Kultur verwirklicht?

Die Frage nach dem Zusammenhang zwischen materiellen und semiotischen Bedingungen, die Menschen zur kulturellen und gesellschaftlichen Selbstverwirklichung befähigen, gehört in die Theorie des Agapismus. Denn der Agapismus will erklären, wie Menschen durch vorbewusste emotive Empfindungen so miteinander verbunden sind, dass bereits diese Verbindung zu einer Grundlage für das Ineinandergreifen individueller Zwecke und ihrer objektiven Bedingungen führt. Er soll zeigen, wie die semiotische Materialität mit der kulturellen und gesellschaftlichen Evolution von Zeichenprozessen verbunden ist.

Wie kann man behaupten, dass eine vorbewusste emotionale Beziehung zwischen Menschen und den materiellen Möglichkeiten von Zeichenprozessen eine Bedingung gesellschaftlicher Entwicklung ist? Dazu müssen wir eine Übereinstimmung annehmen, die auch unabhängig vom Agapismus plausibel ist: Gefühle, die emotionalen Bewertungen und Inhalte von Zwecken, können niemals ganz und auf lange Sicht von den Bedingungen der objektiven, evolutionären Gültigkeit der wirklichkeitsorientierten Zeichenprozesse getrennt werden. Insofern die Evolution über die Gattung Mensch entscheidet, bezieht sich das auch auf ihre vorbewusste emotionale Ausstattung, die ihre Zweckentscheidungen und damit ihre semiotisch ablaufende kulturelle Entwicklung mit prägt.

Die evolutionäre Metaphysik schlägt die folgende Erklärung dieser Übereinstimmung vor: Nur weil wir Menschen mit Körper, Sinnen und Verstand Teil eines Universums gemeinsamer, unabhängiger qualitativer Möglichkeiten sind, können wir uns sozial und kulturell zweckvoll und erfolgreich entwickeln. Weil wir zu einem Universum gehören, dessen qualitative Möglichkeiten, Zusammenhang faktischer Existenz und deren Offenheit für künftige Entwicklung wir emotional teilen, sind wir durch ein unverbrüchliches Band gemeinsamer möglicher emotionaler und vorbewusster Inhalte unseres Wünschens und Wollens miteinander verbunden. Da wir aufgrund dieser bereits bestehenden gemeinschaftlichen Ausrichtung auf positive Möglichkeiten mit einer uns übersteigenden Natur verbunden sind, ist auch die kulturelle und soziale Evolution der Menschen auf der Basis geteilter Sympathien gegenüber wirklichen Möglichkeiten erklärbar. Wir müssen also, um uns miteinander entwickeln zu können, nicht nur logische Verfahren und semiotische Formen, sondern emotionale und andere vorbewusste Inhalte teilen. Nennen wir geteilte Sympathie gegenüber gemeinsam wahrgenommenen emotionalen und qualitativen Möglichkeiten mit Peirce »Liebe« oder auch »Agape«, so gelangen wir zu der These, dass eine semiotische Entwicklung der Kultur der Menschen zunächst durch Liebe möglich ist. Dieser Liebe, die Zeichen zu emotional bestimmten Personen macht und Personen zu emotional vereinheitlichten Zeichenprozessen, sollten dann im materiellen Bereich Relationen der Anziehung entsprechen – doch diese Weiterung wollen wir hier nicht diskutieren.

Was bedeutet diese »objektive« Emotionalisierung der kulturellen Zeichenprozesse? Etwa eine Ontologisierung der kulturellen, sozialen und moralischen Evolution und einen Verzicht auf jede »echte« Normativität, die nicht auf geteilter Sympathie gegenüber emotionalen und qualitativen Möglichkeiten beruht? Dies wäre nur dann der Fall, wenn alle Zweck- und Sinnbildungsprozesse gänzlich agapisch reduziert und »emotionalisiert« werden sollten. Doch es geht um eine eingrenzbare Bedingung. Man muss die evolutionäre Liebesmetaphysik nicht zu einem ontologischen Missverständnis oder einem naturalistischen Fehlschluss über die Gültigkeit von Norm- und Werturteilen ausweiten – selbst wenn Peirce manchmal dahin tendiert. Wir wollen im nächsten Schritt einen Blick auf die ethischen Konsequenzen dieser Konzeption werfen.

Die Erfahrung von agapischer Sympathie und die emotionalen Bedingungen kultureller und moralischer Entwicklung

Erproben wir die moralisch-juristische Zugangsebene zu der Art und Weise, wie Liebe das Handeln von Menschen beeinflusst. Im

September 1892 veröffentlicht Peirce in der Zeitschrift *The Open Court* einen kleinen Aufsatz mit dem Titel *Dmesis*, Verdammung. Diese einzige Arbeit Peirces zur materialen Ethik schlägt eine radikale Reform aller Gefängnisstrafen, ja jedes Strafvollzugs vor. Er bestreitet der Gesellschaft jedes Recht, sich wegen einer begangenen Straftat an dem Täter durch eine Strafe zu »rächen«. Zwar hat die Gesellschaft das Recht, sich vor Straftaten zu schützen, doch hat sie ebenfalls eine Verpflichtung gegenüber dem Täter, die aus mitfühlender Liebe erwächst. Diese Idee zu einer Strafrechtsreform fordert die Abschaffung des bisherigen Systems von Gefängnisstrafen. Für Kriminelle soll eine Umgebung geschaffen werden, die ästhetisch angenehm und ethisch förderlich ist. Den Tätern sollen vielfältige Bildungs- und Kulturangebote zur Verfügung stehen und, das ist das Wichtigste, sie sollen Zuwendung und liebevolle Pflege erfahren, die ihnen hilft, nicht nur bessere, sondern gute und menschlichere Menschen zu werden.

Was ist das für eine Konzeption der Beziehung zwischen Menschen, die auf eine Weise gemeinsam in einer Gesellschaft leben, die eine Verpflichtung zur gesellschaftlichen Herstellung von Sympathie begründen kann? Diese Verpflichtung soll aus einer verbindenden Liebe erwachsen, die in einer Bereitschaft zur Aufopferung und Hingabe für den Mitmenschen besteht.[26] Die christliche Liebe, die als Ausgangspunkt dient und Barmherzigkeit wie Nächstenliebe fordert, wird drastisch verallgemeinert. Denn wie kann es bei der Liebe, einem individuellen Gefühl, um einen normativ wirksamen, gesellschaftlich zu berücksichtigenden Faktor gehen? Ist nicht Liebe ausschließlich eine vorrationale Empfindung und Stimmung, die sich allein auf die Beziehung zwischen einzelnen Personen auswirkt? In den meisten ethischen und sozialphilosophischen Theorien wird angenommen, dass Liebe nur eine kulturell veränderliche, strikt individuelle Erfahrung ist. Sie bleibt für die Zwecke einer Moral- oder Gesellschaftstheorie irrelevant. Peirce nimmt an, dass die beiden Ebenen miteinander verknüpft werden sollten: Die liebevoll-sorgende Hingabe der Mitglieder einer Gesellschaft füreinander ist individuelle, emotionale Erfahrung, aber auch Bedingung dafür, dass Menschen sich zu sozialen Wesen entwickeln können.

Die Liebeserfahrung wird zum Modell und verpflichtenden Ideal der gesellschaftlichen und kulturellen Entwicklung des Menschen, ohne dass damit ihre materielle, körperliche Seite geleugnet werden müsste. Die mitfühlend-sorgende Verpflichtung und Sympathie ist eine Form der Liebe, die als ein umfassendes, erkennendes Gefühl zwischen Personen auch dann wirksam wird, wenn diese nicht in der Lage sind, rational zu verstehen und angemessen zu beschreiben, warum sie so fühlen. Eine der unverzichtbaren Grundlagen der Entwicklung menschlicher Kulturen ist die Entwicklung der intellektuellen, d.h. kognitiven und moralischen Fähigkeiten des einzelnen Menschen. Dieser eigentümliche Ansatz der Verschränkung von Normativität und Emotionalität in der agapischen Liebe hat Peirce nur für drei agapische Arten der geistigen Entwicklung mit Blick auf die »historische Entwicklung des menschlichen Denkens« (NZ, 252) etwas genauer durchgeführt. Die intellektuelle Entwicklung des Denkens ist durch zwei Merkmale charakterisiert, in denen wir die spannungsvolle Dualität von Emotionalität und Normativität des Liebesbegriffs konkretisiert finden. Zum einen nämlich ist für die Evolution des Bewusstseins die unmittelbare Unverfügbarkeit und Unbewusstheit der grundlegenden Prozesse charakteristisch:

»Durch unmittelbare Anstrengung ist fast nichts zu erreichen. Es ist ebenso leicht, seine Statur durch Denken um eine Elle zu vergrößern, als eine für eine der Musen annehmenbare Idee hervorzubringen, indem man bloß hinter ihr herjagt, bevor sie einem von selbst kommt. Vergeblich belagern wir die heilige Quelle und den Thron von Mnemosyne. Die tieferen Aktivitäten des Geistes gehen ohne unser Einvernehmen auf ihre eigene, langsame Weise vor sich.« (Ebenda, 248)

Die »tieferen Aktivitäten des Geistes« führen zwar zu neuen Ideen z.B. in der Erinnerung und der Fantasie, diese entstehen aber in den vorbewussten Bereichen des Geistes und sind der unmittelbar logisch kontrollierten Kritik und Beeinflussung entzogen. Wenn dennoch Ideen oder Vorstellungen neu entstehen, so muss dies mit der Vor- oder Unbewusstheit dieses Prozesses verträglich sein. Vorbewusst ist ein Lernen durch Übung als ein Ausbilden von regelmäßigen assoziativen Verknüpfungen möglich. Solche durch Übung erworbenen assoziativen Verknüpfungen nennt Peirce »Gewohnheiten« (habits). Auch kulturelle Prozesse gründen in erster Linie darauf, dass Denk- und Vorstellungsgewohnheiten erworben werden, die aus Mustern von Verbindungen zwischen Vorstellungen und Verhaltens-, Empfindungs- und Denkweisen bestehen, die sich durch Übung eingeprägt haben. Wenn sich in einer Gruppe von Menschen eine Verhaltensgewohnheit bildet, z.B. eine bestimmte Art der Begrüßung, so ist schon bald ein Zustand allgemeiner Verbreitung erreicht. Eine bestimmte Art von Verhalten ist von allen Gruppenmitgliedern akzeptiert worden, weil es erfolgreich ist. Wenn die Begrüßung von vielen angenommen worden ist, ist dies für die übrigen Mitglieder der Gemeinschaft der Grund, sie ebenfalls zu übernehmen. Ebenso wird jede Einzelperson genau jene Gewohnheiten im Verhalten gegenüber ihrer kulturellen Umwelt zeigen, die von dieser Umwelt akzeptiert werden.

Wie ist aus dieser Perspektive kulturelle Entwicklung möglich? Nur dadurch, dass das Streben von Gleichgewichtszuständen oder die Akzeptanz und das Hingezogensein zu einer Idee verbunden sind mit einem Streben nach einer zweckgerichteten, also echt finalen Entwicklung. Also gilt zum einen das Primat der Empfindung:

»Die agapastische Entwicklung des Denkens ist die Übernahme gewisser geistiger Neigungen, aber nicht völlig sorglos [...] und auch nicht ganz blindlings durch die bloße Macht der Umstände, oder der Logik, [...] sondern durch ein unmittelbares Hingezogensein zu der Idee selbst, deren Natur, noch ehe der Geist sie besitzt, erahnt wird durch die Kraft des Mitgefühls [*sympathy*].« (NZ, 252)

Doch die Sympathie für eine Idee oder Person wird nur dadurch wirksam, dass sie die empfundene Qualität zum Inhalt zweckbestimmten und rationalen Handelns macht:

»Die agapastische Entwicklung des Denkens sollte, wenn es sie denn gibt, durch ihren zweckhaften Charakter kenntlich sein, wobei dieser Zweck in der Entwicklung einer Idee besteht. Vermöge der Kontinuität des Denkens sollten wir ein unmittelbares agapisches oder einfühlsames [*sympathetic*] Verständnis für ihn und eine ebensolche Erkenntnis von ihm haben.« (Ebenda, 260)

Hinter beiden, der Liebe, die individuell biologisch fundiert ist und als mitfühlend-sorgendes Gefühl empfunden wird, und den moralisch-rechtspolitischen Vorschlägen zu einer Ordnung des Strafvollzugs in *Dmesis*, steht dieselbe metaphysische Konzeption des Agapismus. Die Liebe wird als ontologisch grundlegende Kraft verstanden, die für die Evolution der Wirklichkeit kausal verantwortlich gemacht wird, wo es um den Einfluss und das Handeln der einzelnen Menschen geht. Wir sahen bereits, dass die Evolution des Kosmos nur deshalb möglich ist, weil der Kosmos ein zufälliges, offenes und deshalb spontanes Element aufweist, das aus dem Urzustand unbegrenzter Möglichkeiten herausführt. Der unbeschränkte Möglichkeitszustand bedarf aber der Einschränkung seiner Veränderbarkeit durch einen positiv auswählenden Faktor. Dieser positive Wirkungsmodus der Evolution ist die gleichzeitige Einschränkung vieler Möglichkeiten durch die Verallgemeinerung und Verstetigung einer ganz bestimmten Möglichkeit. Dies ist es, was Peirce als Liebe bestimmt: »Liebe, die im Verhaßten Keime des Liebenswerten erkennt, erwärmt es allmählich zum Leben und macht es liebenswert.« (NZ, 237)

Dies ist der entscheidende Schritt: Den Vorgang der positiven Zuwendung und interessierten Auswahl einer Idee, einer noch nicht verwirklichten Möglichkeit, beschreibt Peirce als allgemeines Modell der agapischen Liebe – und hat dabei die Anwendung auch auf nichtmenschliche Anziehungsbeziehungen im Auge. Nur in diesem weiten Sinne ist Liebe qua Agape ein allgemeines evolutionäres Prinzip, das auch unabhängig vom menschlichen Geist wirksam ist. Doch als Prinzip kultureller Entwicklung in semiotischen Prozessen gewinnt Agape eine andere, engere Bedeutung. Die Entdeckung, dass die Zukunft offen ist, dass sie Möglichkeiten für unser Handeln zulässt, ist eine wichtige Voraussetzung der Semiotik. Auch der Pragmatismus teilt diese Voraussetzung, um den Sinn unseres Denkens durch die Beziehung auf künftiges Handeln zu erklären. Wie immer wir dies begründen mögen: Alle objektiven Bedingungen müssen so beschaffen sein, dass sie die Wirksamkeit menschlichen Tätigseins zulassen.

Die Freiheit, uns falsch zu entscheiden, drückt sich nicht nur im Fallibilismus der wissenschaftlichen Methode, sondern auch in der Offenheit aller Zeichenprozesse gegenüber ihren Interpretationen aus. Doch diese Offenheit bedarf eines umfassenden Zusammenhangs, der weitgehend gattungsspezifisch verfügbar und meistens effektiv wirksam ist. Diese Rolle übernehmen die vorbewussten Empfindungen und emotionalen Qualitäten, die durch die agapische Liebe erfasst werden. Der Agapismus beschreibt somit eine Ebene der final wirksamen emotionalen Gehalte, auf der die Evolution von Kultur und Moral mit Formen der Anerkennung, Sorge und Liebe verbunden ist. Der Agapismus ist deshalb eine Theorie, die auf die emotionalen Defizite der Zivilisation aufmerksam macht und so eine andere Sicht auf die Entwicklungsbedingungen menschlicher Kultur und Moral ermöglicht.

Auf Liebe, Anerkennung und die mitfühlende Anziehung, die Menschen, Dinge oder Ideen auf uns ausüben, können wir nicht verzichten, wenn wir als soziale Wesen überleben wollen. So sind Individuen in der Lage, jene »Gewohnheiten des Herzens« auszubilden, die den Zusammenhang von Gemeinschaften menschlich erfahrbar machen. Der zwischenmenschliche Austausch bedarf einer Grunderfahrung emotionalen Vertrauens und der Verbundenheit zwischen Menschen. Ohne diese stabilisierenden Formen der Anerkennung verlieren auch andere Formen z.B. rationaler Moralität ihre motivierende Kraft. Wenn wir durch unsere Zuwendung bewirken, dass etwas – eine Person, ein politisches Projekt, ein Kunstwerk – zum Teil unseres Lebens wird, weil wir es für wertvoll, sinnvoll und wahr halten, so erfahren wir agapastische Liebe im peirceschen Sinne.

Gewordensein: Das menschliche Selbstverständnis der evolutionären Kosmologie

Was macht den Menschen zum menschlichen Menschen? Wir wollen heute aus guten Gründen von einem ewigen Wesen des Menschen nichts mehr wissen.[27] Die Denker des Abendlandes haben dieses Wesen in der Vernunft, der Sprache, der Gottähnlichkeit, in der Nicht-Weltlichkeit und der Fähigkeit zur Distanzierung, aber auch in der menschlichen Fähigkeit zum Lachen und seiner »exzentrischen Position« zur Welt gesucht. Mich interessiert hier die schwächere Charakterisierung der Selbstkenntnis des Menschen, die von Goethe stammt. Goethe soll einmal gesagt haben, dass, wer nicht mindestens dreitausend Jahre Geschichte überblickt, sich selbst nicht kennt. Diese Aufforderung zur Befassung mit der Geschichte ist insofern bemerkenswert, als sie zwei scheinbar unvereinbare Dinge verbindet. Häufig unterstellt man heute, dass die Befolgung der sokratischen Maxime »Erkenne Dich selbst« das Erkenntnisziel eines Wissens über die physikalische, uns umgebende Welt ausschließe. Dieser Gegensatz zwischen Selbst- und Welterkenntnis bildet den Kern jenes verhängnisvollen ausschließenden Gegensatzes zweier Kulturen – zwischen den Geistes- und Kulturwissenschaften einerseits und den Naturwissenschaften andererseits. Als wäre jemals ein menschliches Wesen ohne Kenntnis der Beschaffenheit der Welt oder jemals eine Kenntnis der Welt ohne ein Verständnis des menschlichen Selbst möglich.

Goethes Forderung macht die Kenntnis der Geschichte, in die ein Individuum eingefügt ist, zu einer inhaltlichen Bedingung der Kenntnis seiner selbst. Aber ist es nicht eine unerfüllbare Forderung, dreitausend Jahre Geschichte überblicken zu sollen, bevor man dann endlich zu sich selbst kommen darf? Ich möchte dieses Gebot nicht im Sinne einer Forderung vollständiger Kenntnis von Geschichte und geschichtlichen Fakten verstehen. Natürlich ist jede Auswahl aus der Menge konkreten Wissens über geschichtliche Verläufe hilfreich. Besser verständlich wird diese Forderung aber, wenn man sie in einem anderen Sinne liest. Sie ermutigt uns, aus der Perspektive des Werdens und Gewordenseins über das eigene Leben nachzudenken. Und diese Forderung ist sehr wohl erfüllbar. Sie verlangt von uns, dass wir uns selbst als Produkt einer geschichtlichen Entwicklung sehen, die zu uns hin und von uns fortführt. Sie fordert uns, auch wenn wir Probleme mit uns selbst haben mögen, auf, zumindest in einer Hinsicht von unserer momentanen Befindlichkeit abzusehen: Verstehe die Gewordenheit deiner Selbst und dein Werden. Das ist der zweite Punkt, der die goethesche Forderung mit der Kosmologie Peirces verbindet: Wir sind Gewordene, Geschaffene, *und* wir schaffen uns selbst, indem wir einsehen, in welchem Zusammenhang unsere eigene Existenz steht.

Anhang

Anmerkungen

1 Christian Strub hat durch zahlreiche Korrekturen und wichtige Anregungen Struktur und Inhalt dieses Textes erheblich verbessert. Sibylle Grevenkamp danke ich für ihr zweifelndes Verständnis ebenso wie für viele besonders freundliche Ermutigungen. Meine Bamberger Studenten haben mir durch ihre kritischen Nachfragen in der Vorlesung des Sommersemesters 2002 zu besserer Verständlichkeit geholfen.

2 Wer in gedrungener Kürze eine Zusammenfassung zu allen wichtigen Bereichen des peirceschen Philosophierens möchte, dem sei der solide kleine Band von Cornelis de Waal *On Peirce* empfohlen, der für seine Darstellung nicht mehr als 91 Seiten benötigt.

3 Die Zitierweise der peirceschen Schriften wird im Verzeichnis der Siglen im Literaturverzeichnis aufgeschlüsselt.

4 Immanuel Kant, Beantwortung der Frage: Was ist Aufklärung, in: ders. Werke in zehn Bänden, hg. von Wilhelm Weischedel, Darmstadt 1981, Bd. 9, S. 53.

5 Darüber hinaus schließt er den so genannten neutralen Monismus aus. Das ist eine z.B. von Bertrand Russell und William James vertretene ontologische Theorie, die besagt, dass das grundlegende Element der Welt ein neutraler Stoff ist, der dem Unterschied zwischen Geist und Materie gegenüber neutral ist bzw. von dem nicht entschieden werden kann, ob er primär geistiger oder materieller Natur ist.

6 Aus einem Brief von Peirce an William James vom 13. März 1897, übersetzt nach Brent, Peirce. A Life, Bloomington/Indianapolis 1993, S. 258 f.

7 »The old Sphinx bit her thick lip – / Said, ›Who taught thee me to name?‹ / I am thy spirit, yoke-fellow, / Of thine eye I am eyebeam.« (übers. v. Vf.; Ralph Waldo Emersons Vers und die Abbildung einer Sphinx findet der Leser als zweites Titelblatt in EP1.)

8 Siehe dazu Aristoteles, Werke in deutscher Übersetzung. Kategorien, hg. und kommentiert von Klaus Oehler, Berlin 1986. Weithin gebräuchlich ist die Ausgabe der *Kategorien*, übers. von E. Rolfes, Hamburg 1925, in: Aristoteles. Philosophische Schriften 1, Hamburg 1995, S. 1–42.

9 Kants Kategorienlehre wird in der »Transzendentalen Analytik« der *Kritik der reinen Vernunft* entwickelt. Siehe dazu Immanuel Kant, Kritik der reinen Vernunft, B 89-B 169.

10 Betrachten wir nur die Form der Verknüpfung, so erweist es sich als überflüssig, Gegenstände eigens zu berücksichtigen: Alle Verknüpfungen haben dieselbe Form wie die Verknüpfungen zwischen Begriffen, auch wenn es sich um Namen von Gegenständen handelt.

11 Diese Unbestimmtheit der geistigen Prozesse hat ihre Entsprechung in der Semiotik: Sie zeigt sich dort als die Offenheit der Zeichen gegenüber immer weiteren Interpretationen. (Was kein Argument dagegen ist, dass eine Handlung eine Kette von Interpretationen vorläufig beenden kann.)

12 Peirce ist der Auffassung, dass die in der klassisch-newtonschen Mechanik beschriebenen Beziehungen zwischen Teilchen nicht dem entsprechen, was wir unter Kausalität verstehen: So sind die newtonschen Bewegungsgleichungen problemlos umkehrbar, während nach dem alltäglichen Verständnis z.B. der Stoß gegen eine Kugel nicht zurücklaufen kann. Folglich weisen Kausalität im vollen Sinne nur Abläufe und Prozesse auf, die einen Endzustand irreversibel erreichen. Dies ist nicht nur bei menschlichen Handlungen der Fall, sondern gilt auch für viele physikalische Prozesse wie z.B. das Mischen von Milch mit Kaffee, alle physiologischen Prozesse in Lebewesen und alle Bewegungen unter dem Einfluss von Reibung.

13 Siehe dazu William James, Principles of Psychology, Bd. 1, 1890, S. 224–290.

14 Selbst die begeisterte Peirce-Interpretin Susan Haack gibt zu: »Peirces Definition [der Wahrheit] sieht sich dem Problem der *Buried Secrets* gegenüber: jene Aussagen über die Vergangenheit, die sich nicht entscheiden lassen, selbst wenn die Forschung beliebig lange fortgesetzt wird, und die weder wahr noch falsch sind.« (Dies., Confessions of an Old-Fashioned Prig, in: Manifesto of a Passionate Moderate, Chicago/London 1998, S. 22; übers. v. Vf.)

15 Jede Antwort auf die Frage nach dem, was die Unmittelbarkeit des gegenwärtigen Empfindens oder Gefühls ausmacht, wird deshalb nur seinen Gegenstand verfälschen. Peirce interpretiert hier noch einmal das Gedicht von Emerson, das ich zu Anfang des Kategorienkapitels zitiert habe. Hier jedoch geht es ihm insbesondere um den zweiten Vers, der metaphorisch die gelungene Selbsterkenntnis des Blicks als Lüge beschreibt: »Die alte Sphinx biss auf ihre dicke Lippe, – / Sagte, ›Wer lehrte Dich, mich zu nennen?‹ / Ich bin Dein Geist, Leidensgefährte, / Von Deinem Auge bin ich der Blick / – Du bist die unbeantwortete Frage / Könntest Du Dein wahres Auge nur sehen, / Ständig fragt und fragt es; / Und jede Antwort ist eine Lüge.« (CP 1.310; übers. v. Vf.)

16 Daraus folgt z.B., dass man jede so definierte Relation extensional, d.h. durch eine Teilmenge des cartesischen Produkts der natürlichen Zahlen, beschreiben kann.

17 Peirce spricht auch von der Relation des »Gebens« im Allgemeinen. Das ändert jedoch nichts daran, dass der Allgemeinbegriff eine Abstraktion ist, die in der Erfahrung dem Erfassen speziell geordneter Aspekte oder Relative sekundär ist.

18 Systematisch durchgeführt in Robert W. Burch, A Peircean Reduction Thesis and the Foundations of Topological Logic, Lubbock/Texas 1990.

19 Siehe dazu Description of a Notation for the Logic of Relatives, resulting from an Amplification of Boole's Calculus of Logic, W2, S. 359–432.

20 Schon 1873 konzipiert Peirce diesen Begriff praktischer Wirkungen: »Es scheint also, dass die intellektuelle Bedeutsamkeit aller Gedanken letztlich in ihren Wirkungen auf unsere Handlungen liegt. [...] Also ist Denken nur insofern rational, als es sich einem künftigen Denken empfiehlt. Oder anders gesagt, die Rationalität des Denkens liegt in seiner Beziehung auf eine mögliche Zukunft.« (CP 7.360 f.)

21 Aristoteles, Kategorien, 3. Kapitel, 1b, übersetzt von E. Rolfes, Hamburg 1925, S. 44. Wieder abgedruckt in: Aristoteles. Philosophische Schriften 1, Hamburg 1995, S. 2.

22 D.W. Winnicott, Übergangsobjekte und Übergangsphänomene, in: ders., Vom Spiel zur Kreativität, Stuttgart 1989, S. 23 f.

23 Der Physiker und Vertreter einer durch die String-Theorie inspirierten evolutionären Kosmologie Lee Smolin hat deshalb Peirce als Vordenker identifiziert. Siehe Lee Smolin *Warum gibt es die Welt? Die Evolution des Kosmos.*

24 Mit dem irritierenden Wechselspiel zwischen Selbst- und Kosmosverständnis befasst sich überaus unterhaltsam Hans Blumenberg in seinem Buch *Die Vollzähligkeit der Sterne,* Frankfurt/Main 1997, das die Disziplin der »Astronoetik« für diese Art der kosmischen Selbsterforschung des Menschen vorschlägt.

25 »Zwei Dinge erfüllen das Gemüt mit immer neuer und zunehmender Bewunderung und Ehrfurcht, je öfter und anhaltender sich das Nachdenken damit beschäftigt: Der bestirnte Himmel über mir, und das moralische Gesetz in mir. [...] ich sehe sie vor mir und verknüpfe sie unmittelbar mit dem Bewußtsein meiner Existenz. Das erste fängt von dem Platze an, den ich in der äußern Sinnenwelt einnehme, und erweitert die Verknüpfung, darin ich stehe, ins unabsehlich Große mit Welten über Welten und Systemen von Systemen, überdem noch in grenzenlose Zeiten ihrer periodischen Bewegung, deren Anfang und Fortdauer.« Immanuel Kant, Kritik der Praktischen Vernunft, Beschluss, in: ders. Werke in zehn Bänden, hg. von Wilhelm Weischedel, Bd. 6, Darmstadt 1981, S. 300.

26 Schon 1868 formuliert Peirce die These, dass die Logik ein soziales Prinzip zur Grundlage hat: »Wer nicht bereit ist, sich selbst zu opfern, um die Welt zu retten, ist in allen Schlüssen unlogisch.« (CP 5.354).

27 Einen furiosen Abschied von dieser metaphysischen Illusion über den Menschen und die pragmatische Alternative, den konkreten Mitmenschen als den ernst zu nehmen, der er oder sie ist, hat Rainer Marten in *Der menschliche Mensch. Abschied vom utopischen Denken,* Paderborn 1988, vorgelegt.

Literaturhinweise

Peirces publizierte Schriften und die über 100000 Seiten nachgelassener Manuskripte haben eine äußerst wechselvolle Geschichte hinter sich. Obwohl Peirce zu Lebzeiten viel publiziert hatte – ungefähr 800 Publikationen in 24 Disziplinen und etwa 12000 Lexikonartikel – waren seine Schriften weit verstreut. Es ist ihm nicht gelungen, seine größeren philosophischen und logischen Arbeiten in Buchform zu veröffentlichen. Kurz nach seinem Tod hat seine Witwe Juliette Peirce den überwiegenden Teil der Manuskripte an das Philosophische Seminar der Harvard University verkauft. (Was sie behalten hatte, wurde nach ihrem Tod 1934 im Garten des Hauses verbrannt.) Das Philosophische Seminar hat in den folgenden Jahrzehnten wenig für die Veröffentlichung der Manuskripte getan, sondern sie vor allem schlecht gelagert und mehrmals neu geordnet. Bei der Vorbereitung der *Collected Papers of C.S. Peirce* durch Charles Hartshorne und Paul Weiss Ende der zwanziger, in den dreißiger und in den fünfziger Jahren wurden Manuskripte zerstückelt, zerschnitten und neu zusammengeklebt. Immerhin: Diese noch heute am häufigsten verwendete Ausgabe enthält ca. zehn Prozent des Manuskriptmaterials. Die beiden Editoren haben weder den Aufbau längerer Texte berücksichtigt noch ihre zeitliche Zuordnung.

Inzwischen sind mehrere Auswahlausgaben in Englisch, aber auch in Französisch, Spanisch und anderen Sprachen erschienen. Die heutige Referenzausgabe ist die bisher sechsbändige Ausgabe der *Writings of Charles S. Peirce* (bis 1890) und die darauf aufbauende zweibändige Ausgabe *The Essential Peirce*.

Zu fast allen Aspekten, Problemen und Publikationen der Philosophie von Peirce, aber auch zu anderen Themen der amerikanischen Philosophie erscheinen seit über dreißig Jahren in den *Transactions of the C.S. Peirce Society* gründliche Studien, Untersuchungen und Rezensionen.

1. Siglen

CP   Collected Papers of Charles Sanders Peirce, Bde. 1–6, hg. von Charles Hartshorne und Paul Weiss, Cambridge/Mass. 1933–1935; Bde. 7 u. 8, hg. von Arthur Burks, Cambridge/Mass. 1958. Zitierweise: CP V.XYZ; V = Nummer des Bandes, XYZ = Nummer des Abschnitts, z.B. als CP 5.324.

DLU   Das Denken und die Logik des Universums, hg. von K.L. Kettner und H. Putnam, übers. und durch einen Anhang erweitert von H. Pape, Frankfurt/Main 2002.

EP1   The Essential Peirce. Selected Philosophical Writings, Bd. 1, 1867–1893, hg. von N. Houser und C. Kloesel, Bloomington/Indianapolis 1992.

EP2   The Essential Peirce. Selected Philosophical Writings, Bd. 2, 1893–1913, hg. vom Peirce Edition Project, Bloomington/Indianapolis 1998.

         Diese beiden Bände basieren auf den editorischen Arbeiten des Teams des *Peirce Edition Project*, das die kritische Ausgabe der *Writings* herausgibt. Dies ist mit Abstand die beste und vollständigste Studienausgabe.

MS   Nummer der Peirce-Handschriften nach: Richard S. Robin, Annotated Catalogue of the Papers of Charles S. Peirce, Amherst/Mass. 1967.

         Dieser Katalog gibt eine kurze Beschreibung jedes Manuskripts. Der einzige Schlüssel zum Eintritt in das Labyrinth der 100 000 Seiten.

NEM   The New Elements of Mathematics by Charles S. Peirce, 4 Bde. in fünf Teilbänden: I, II, III/1, III/2, IV, hg. v. Carolyn Eisele, Den Haag/Paris/Amsterdam 1976.

         Die einzige Ausgabe der mathematischen Schriften, die u.a. ein Algebra-Buch, eine elementare und eine projektive Geometrie und die graphische Logik enthält: teilweise wenig verlässlich in der Manuskriptwiedergabe, kaum informative Anmerkungen und kein textkritischer Apparat.

NZ   Naturordnung und Zeichenprozess. Schriften zur Semiotik und Naturphilosophie, mit einem Vorwort von I. Prigogine, übers. von B. Kienzle, hg. von H. Pape, Frankfurt/Main 1991.

Einzige deutsche Ausgabe der naturphilosophischen Schriften von Peirce zur evolutionären Metaphysik und Semiotik, die auch die naturphilosophisch relevanten Enzyklopädieartikel berücksichtigt. Die ausführliche Einleitung stellt Peirces evolutionäre Metaphysik in den Zusammenhang des kosmologischen und naturphilosophischen Denkens der Gegenwart.

PLZ   Phänomen und Logik der Zeichen, hg. und übers. von H. Pape, Frankfurt/Main 1983, 1998.

Einzige, fast (mit kleinen Auslassungen) vollständige Ausgabe der umfangreichsten Darstellung zur Zeichentheorie *Syllabus on Certain Topics of Logic* von 1903. Teile des englischen Textes finden sich in CP und in EP2.

SB1   Semiotische Schriften Band 1, hg. und übers. von C. Kloesel und H. Pape, Frankfurt/Main 1986.

SB2   Semiotische Schriften Band 2, hg. und übers. von C. Kloesel und H. Pape, Frankfurt/Main 1990.

SB3   Semiotische Schriften, Band 3, hg. und übers. von C. Kloesel und H. Pape, Frankfurt/Main 1993.

Die drei Bände der *Semiotischen Schriften* – inzwischen auch in einer Taschenbuchausgabe erhältlich – decken die gesamte Entwicklung der peirceschen Logik und Semiotik von 1859 bis 1913 ab.

SPP   Schriften zum Pragmatismus und Pragmatizismus, hg. von K.O. Apel, Frankfurt/Main 1991.

Umfangreiche Textsammlung zum frühen (1878) und späten Pragmatismus (ab 1900) und zur Erkenntnistheorie mit einigen wenigen Texten zur Semiotik.

S&S   Semiotics and Significs. The Correspondence between Charles S. Peirce and Victoria Lady Welby, hg. v. Charles S. Hardwick, Bloomington/London 1977.

Der späte Briefwechsel (ab 1903) dokumentiert viele der wichtigsten Entwicklungen in der späten Semiotik und der graphischen Logik der Existential Graphs.

W1–6 Writings of Charles S. Peirce. A Chronological Edition, Vol. 1, 1857–66, hg. von M. Fisch et. al., Bloomington, 1982; Vol. 2, 1867–71, hg. von E. Moore et.al., Bloomington, 1984. Die Bände 3–5, Vol. 3. 1872–78; Vol. 4. 1879–84; Vol. 5. 1884–86, hg. von C. Kloesel et. al., Bloomington, 1986, 1990 und 1993; Band VI, hg. von N. Houser et. al.

Die *Writings* sind die vom *Peirce Edition Project* in Indianapolis produzierte, definitive kritische Ausgabe der Handschriften und Veröffentlichungen von Peirce. Die Auswahlbände EP1 und EP2 basieren zum Teil auf den Texten der *Writings*.

2. Weitere Werkausgaben

Charles Sanders Peirce, Chance, Love, and Logic: Philosophical Writings by the late C.S. Peirce, the Founder of Pragmatism, hg. von M.R. Cohen, New York 1923.

Diese Ausgabe war für mehrere Jahrzehnte die einzige zugängliche Publikation der peirceschen Schriften.

ders., Historical Perspectives on Peirce's Logic of Science. An History of Science, hg. von C. Eisele, 2 Bde., Berlin/New York/Amsterdam 1985.

Dies ist die einzige Ausgabe der wissenschaftshistorischen Schriften.

3. Weitere Übersetzungen

Hingewiesen sei noch auf die folgenden Übersetzungen, die unterschiedliche Themenschwerpunkte haben oder für die deutsche Peirce-Rezeption wichtig waren:

Charles Sanders Peirce, Über die Klarheit unserer Gedanken, hg. von Klaus Oehler, Frankfurt/Main 1968.

ders., Vorlesungen über Pragmatismus. Lectures on Pragmatism, hg. von Elisabeth Walther, Hamburg 1973 (mehrere Auflagen).

ders., Religionsphilosophische Schriften, hg. und eingeleitet von H. Deuser, Hamburg 1995.

4. Weitere philosophische Werke und Sekundärliteratur

Aristoteles, Kategorien, hg. und kommentiert von Klaus Oehler, Berlin 1986.

ders., Kategorien, übersetzt von E. Rolfes, Hamburg 1925, in: Aristoteles. Philosophische Schriften 1, Hamburg 1995, S. 1–42.

Robert Almeder, The Philosophy of Charles S. Peirce. A Critical Introduction, Oxford 1982.

Gute Darstellung der wissenschafts- und erkenntnistheoretischen Probleme, aber oberflächliche Kritik des peirceschen Idealismus.

Karl-Otto Apel, Der Denkweg von Charles S. Peirce. Eine Einführung in den amerikanischen Pragmatismus, Frankfurt 1975.

In Deutschland wohl einflussreichste Darstellung der Entwicklung des peirceschen Denkens, die Peirce vor allem als Schüler Kants und Vorläufer der apelschen Transzendentalpragmatik versteht.

Ulrich Baltzer, Erkenntnis als Relationengeflecht. Kategorien bei C.S. Peirce, Paderborn 1994.

Gut durchdachte und historisch bewusste Darstellung der Erkenntnistheorie auf der Basis der Kategorientheorie.

Hans Blumenberg, Die Vollzähligkeit der Sterne, Frankfurt/Main 1997.

Robert Brandom, Making it Explicit. Reasoning, Representing, and Discursive Commitment, 1994, Cambridge/Mass.; deutsche Ausgabe: Expressive Vernunft, Frankfurt/Main 2000.

Joseph Brent, Charles Sanders Peirce. A Life, Vorwort von T. A. Sebeok, Bloomington/Indianapolis 1993.

Bisher einzige wissenschaftliche Biografie, die das Leben von Peirce anhand einer Vielzahl von Quellen nachzeichnet. Störend wirken Brents irrige oder abwegige Bemerkungen über Peirces Philosophie und die moralisierenden und teils dürftig begründeten Verurteilungen der Persönlichkeit, des Verhaltens und des beruflichen Scheiterns von Peirce.

Robert W. Burch, Die Anwendung von Relationen auf Relationen, in: Kreativität und Logik – C.S. Peirce und das Problem einer Philosophie des Neuen, hg. von H. Pape, Frankfurt/Main 1994, S. 61–85.

ders., A Peircean Reduction Thesis and the Foundations of Topological Logic, Lubbock/Texas 1990.

Bahnbrechende Arbeit über Peirces intensionale Relationenlogik.

Vincent C. Colapietro, Peirce's Approach to the Self. A Semiotic Perspective on Human Subjectivity, Albany/NY. 1989.
Interessante und wichtige Auseinandersetzung mit der semiotischen Theorie der Person und des Bewusstseins.

Eugene Freeman (Hg.), The Relevance of Charles S. Peirce. La Salle/Illinois 1983.
Interessante Aufsatzsammlung, die ganz unterschiedliche Interpretationsansätze zusammenbringt.

Carl Hausmann, Charles S. Peirce's Evolutionary Philosophy, Cambridge/Mass., 1993.
Am Begriff der Evolution orientierte Interpretation, welche die Bedeutung anderer systematischer Elemente wie z.B. der Logik, des Pragmatismus und des Idealismus unterschätzt.

Christopher Hookway, Peirce, London 1985.
Die beste größere einführende Darstellung. Hookway sieht Peirce in erster Linie als Erkenntnistheoretiker, Logiker, Wissenschaftsphilosoph und Metaphysiker. Wendet sich an Leser, die der analytischen Sprachphilosophie und Wissenschaftstheorie nahe stehen.

William James, Der Pragmatismus. Ein neuer Name für alte Denkmethoden, übers. von W. Jerusalem, 1. Auflage 1908; mit einer Einleitung hg. von K. Oehler, Hamburg 1977.

Ders., Principles of Psychology, 2 Bde. 1890, unveränderter Wiederabdruck: New York, 1950 ff. (mehrere unveränderte Ausgaben).

Immanuel Kant, Kritik der reinen Vernunft, in: ders. Werke in zehn Bänden, hg. von Wilhelm Weischedel, Bde. 3 und 4, Darmstadt 1981.

Ders., Beantwortung der Frage: Was ist Aufklärung, in: ders. Werke in zehn Bänden, hg. von Wilhelm Weischedel, Darmstadt 1981, Bd. 9, S. 53–64.

Ders., Kritik der Praktischen Vernunft, Beschluss, in: ders. Werke in zehn Bänden, hg. von Wilhelm Weischedel, Bd. 6, Darmstadt 1981.

Susan Haack, Manifesto of a Passionate Moderate. Unfashionable Essays, Chicago/London 1998.

Friedrich Kuhn, Ein anderes Bild des Pragmatismus. Wahrscheinlichkeitstheorie und Begründung der Induktion als maßgebliche Einflussgrößen in den Illustrations of the Logic of Science von Charles Sanders Peirce, Frankfurt 1996.

Bruce Kuklick, The Rise of American Philosophy, Cambridge/Mass. 1860–1930, New Haven/London 1977.

Beschreibt das intellektuelle Klima, die philosophischen Positionen von Peirce, William James, Josiah Royce, George Santayana und anderen, ihr Leben sowie die Entwicklung des philosophischen Seminars der Harvard Universität.

Rainer Marten, Der menschliche Mensch. Abschied vom utopischen Denken, Paderborn 1988.

Michel de Montaigne, Essais, übers. von Hans Stilett, Frankfurt/Main 1998.

Murray G. Murphey, The Development of Peirce's Philosophy, Cambridge/ Mass., 1961.

Der Klassiker der Sekundärliteratur zu Peirce. Stellt den logischen, mathematischen und naturwissenschaftlichen Hintergrund des peirceschen Denkens dar und setzt sich mit vielen Thesen genau und kritisch auseinander. Auch wenn viele Überlegungen heute nicht mehr überzeugen, so ist die allgemeine These, dass Peirces Philosophie sich abhängig von der Semiotik und Logik entwickelt hat, stimmig entwickelt.

John P. Murphy, Pragmatism: From Peirce to Davidson, Boulder/San Francisco/Oxford 1990.

Helmut Pape, Der dramatische Reichtum der konkreten Welt. Der Ursprung des Pragmatismus im Denken von William James und Charles S. Peirce, Weilerswist 2002.

Vergleichende Darstellung der Entwicklung des Pragmatismus von Peirce und James, die den Beitrag beider Denker würdigt und in die Traditionslinie des Idealismus stellt.

Ders., Was wir festhalten wollen: Solidarität, Objektivität und die Bedingungen der Offenheit von Kultur bei R. Rorty und C.S. Peirce, Jahrbuch 1997/98 des Kulturwissenschaftlichen Instituts Essen, S. 216–238, Essen 1998.

Klaus Oehler, Idee und Grundriß der Peirceschen Semiotik, in: Die Welt als Zeichen – Klassiker der modernen Semiotik, hg. von Martin Krampen/Klaus Oehler et.al., Berlin 1981, S. 15–49.

Andrew Reynolds, Peirce's Scientific Metaphysics. The Philosophy of Chance, Law, and Evolution, Nashville 2002.

Richard Rorty, Wahrheit und Fortschritt, übers. von J. Schulte, Frankfurt/ Main 2000.

Lee Smolin, Warum gibt es die Welt? Die Evolution des Kosmos, München 1999.

Ernst Tugendhat, Wie sollen wir Moral verstehen?, in: ders., Aufsätze 1992–2000, Frankfurt/Main, S. 163–184.

Cornelis de Waal, On Peirce, Wadworth Philosophers Series, Belmont 2001.

Donald W. Winnicott, Übergangsobjekte und Übergangsphänomene, in: ders., Vom Spiel zur Kreativität, Stuttgart 1989.

5. Empfehlungen zum Weiterlesen

1. Kapitel: Einleitung

C.S. Peirce, 4. Vorlesung (1898), Die erste Regel der Logik, in: DLU, S. 222–243.

Joseph Brent, Charles Sanders Peirce. A Life, mit einem Vorwort von T.A. Sebeok, Bloomington/Indianapolis 1993.

2. Kapitel: Kategorien

C.S. Peirce, Eine neue Liste der Kategorien (1867), in: SB1, S. 147–159, und in: EP1.

Collected Papers of C.S. Peirce, Kap. II, The Categories in Detail, CP 1.300–353.

C.S. Peirce, Die Verteidigung der Kategorien, SB1, S. 431–462.

Ulrich Baltzer, Erkenntnis als Relationengeflecht. Kategorien bei C.S. Peirce, Paderborn 1994.

3. Kapitel: Logik und Prozess

C.S. Peirce, 1. Harvard-Vorlesung [Über Wissenschaftslogik] (1865), in: SB1, S. 87–104.

Ders., Appendix II, »Pragmatismus« als unsere Methode (1903), in: PLZ, S. 163–171.

Ders., Gedanken und Denkereignis, (1906), in: SB3, S. 76–105.

4. Kapitel: Erkenntnistheorie und Relationenlogik

C.S. Peirce, Einige Konsequenzen aus vier Unvermögen; ders., Fragen hinsichtlich bestimmter Vermögen, die für den Menschen in Anspruch genommen werden (1868). Beide Aufsätze finden sich in SPP in deutscher Übertragung und in EP1.

Ders., 3. Vorlesung (1898), Die Logik der Relative, in: DLU, S. 199–221.

Robert W. Burch, Die Anwendung von Relationen auf Relationen, in: Kreativität und Logik – C.S. Peirce und das Problem einer Philosophie des Neuen, hg. von H. Pape, Frankfurt/Main 1994.

5. Kapitel: Pragmatismus und geordnetes Wissen

C.S. Peirce, Die Festlegung einer Überzeugung (1877), in: SPP.

Ders., Über die Klarheit der Gedanken, hg. von Klaus Oehler, Frankfurt 1968 und in: SPP.

Helmut Pape, Wie Peirce und James den Pragmatismus erfanden, Teil I in: Der dramatische Reichtum der konkreten Welt. Der Ursprung des Pragmatismus im Denken von William James und Charles S. Peirce.

6. Kapitel: Semiotik und Zeit

C.S. Peirce, Spekulative Grammatik, (1903) in: PLZ, S. 64–98.

Ders., Über die Einheit kategorischer und hypothetischer Propositionen (1896), in: SB1, S. 230–268.

Ders., Der Kern des Pragmatismus. Drei Ansätze zu seiner Begründung, in: SB3, S. 231–311.

Klaus Oehler, Idee und Grundriss der Peirceschen Semiotik.

Vincent C. Colapietro, Peirce's Approach to the Self. A Semiotic Perspective on Human Subjectivity.

7. Kapitel: Kosmos und Mensch

C.S. Peirce, Entwurf und Zufall (1884), in: NZ, S. 113–125.

Ders., Die Architektonik von Theorien (1891), in: NZ, S. 141–158.

Ders., Das Gesetz des Geistes (1892), in: NZ, S. 179–209.

Ders., Evolutionäre Liebe (1893), in: NZ, S. 235–263.

Helmut Pape, Was wir festhalten wollen: Solidarität, Objektivität und die Bedingungen der Offenheit von Kultur bei R. Rorty und C.S. Peirce.

Andrew Reynolds, Peirce's Scientific Metaphysics. The Philosophy of Chance, Law, and Evolution.

Zeittafel

1839   Geburt von C.S. Peirce in Cambridge/Mass.

1855–59   Grundstudium an der Harvard Universität (Abschluss B.A.)

1859   Peirce wird Mitarbeiter der Coast and Geodetic Survey; Darwins Entstehung der Arten erscheint.

1862   Heirat mit Harriet Melusina Fay (erste Ehe); Beginn der Freundschaft mit W. James

1863   Peirce schließt das Studium der Chemie an der Harvard-Universität mit dem Master of Science ab.

1861–65   Amerikanischer Bürgerkrieg (Sezessionskrieg) der elf Südstaaten gegen die Nordstaaten

1865   Vorlesungen über Logik an der Harvard Universität

1867   Erste Formulierung der Kategorientheorie (Über eine neue Liste der Kategorien, SB1)

1868/69   Im »Journal of Speculative Philosophy« wird die frühe Erkenntnis- und Zeichentheorie in mehreren Aufsätzen entwickelt.

1870   Erste vollständige Darstellung der Relationenlogik (Description of a Notation for the Logic of Relatives, W2)

1875   Vertreter der Vereinigten Staaten auf der internationalen geodätischen Konferenz in Paris, dort Freundschaft mit dem Schriftsteller Henry James und Erfahrungen mit französischen Weinen, Trennung von seiner ersten Frau

1877   Reise zu einer internationalen geodätischen Konferenz in Stuttgart

1877/78   Peirce veröffentlicht die »Gründungsurkunden des Pragmatismus« *Die Festlegung der Überzeugung* und *Wie unsere Gedanken zu klären sind* in der Zeitschrift Popular Science Monthly.

1878   *Photometric Researches,* Peirces einzige Monographie, eine experimentelle und theoretische astronomische Untersuchung, erscheint in Leipzig und Harvard.

1879	Ernennung zum Lecturer für Logik an der Johns-Hopkins-Universität in Baltimore
1883	Heirat mit Juliette Pourtalai, die seine zweite Frau wird
1884	Peirce wird von der Johns-Hopkins-Universität entlassen.
1887	Peirce kauft in den Wäldern bei Milford/Pennsylvania ein allein gelegenes Haus.
1891	Ende der Tätigkeit für die Coast and Geodetic Survey
1891–93	In »The Monist« erscheint eine Serie von fünf Aufsätzen über die evolutionäre Metaphysik: *Die Architektonik von Theorien, Untersuchung der Lehre des Determinismus, Das Gesetz des Geistes, Die gläserne Natur des Menschen, Evolutionäre Liebe* (alle in NZ).
1898	Peirce hält am Lowell-Institute in Cambridge Vorlesungen über *Das Denken und die Logik des Universums* (DLU) und lebt von nun an mit seiner Frau Juliette ständig in Milford. In Berkeley, Kalifornien, hält James den Vortrag *Philosophical Conceptions and Practical Results,* der Peirce als Begründer des Pragmatismus würdigt.
1903	Im Frühling Vorlesungen über Logik am Lowell-Institut in Cambridge und im Herbst an der Harvard-Universität in Cambridge Vorlesungen über Pragmatismus
1905	In »The Monist« erscheint eine Reihe von Aufsätzen mit Titeln wie *Prolegomena zu einer Apologie des Pragmatizismus,* die den Pragmatismus zur formalen Logik, den Kategorien und der Zeichentheorie in Beziehung setzen.
1908	Einige letzte Aufsätze über Religionsphilosophie, Logik, Philosophie der Mathematik
1914	Am 19. April stirbt Peirce in seinem Haus in Milford an Krebs.

Über den Autor

Helmut Pape lebt als Philosoph und Weinhändler in Bamberg. Er lehrt an der dortigen Universität als außerplanmäßiger Professor Philosophie. Neben zahlreichen anderen Büchern hat er folgende Monografien veröffentlicht: Erfahrung und Wirklichkeit als Zeichenprozess. Charles S. Peirces Entwurf einer Spekulativen Grammatik des Seins, Frankfurt/Main 1989; Die Unsichtbarkeit der Welt. Eine visuelle Kritik neuzeitlicher Ontologie, Frankfurt/Main 1997; Der dramatische Reichtum der konkreten Welt. Der Ursprung des Pragmatismus im Denken von William James und Charles S. Peirce, Weilerswist 2002.